하버드 학생들을 통해 삶에서 배워야 할 소중한 원리

# 하버드 도서관 24시

하버드 학생들을 통해 삶에서 배워야 할 소중한 원리

# 하버드 도서관 24시

정의석 지음

씽크북

사람은 누구나 살면서 꿈을 꿉니다. 그 중 사람들의 마음에 가장 와 닿는 것은 세상에서 성공하는 것입니다. 비록 성공의 기준은 모두 다르지만 사람들이 일반적으로 생각하는 것 중 하나는 좋은 대학교에서부터 시작되는 화려한 경력입니다. 이전부터 우리나라에서는 좋은 학교에 가야지만 성공할 수 있었기 때문에 어른들이 이렇게 생각하는 것은 어찌 보면 당연한 일입니다.

이런 성향을 갖고 있는 한국인들에게 미국의 명문대학교들의 집합체인 아이비리그는 매우 특별하게 다가옵니다. 가능성이 있는 친구들은 이 그룹 안에 들어가기 위해서 많은 노력을 기울입니다. 꼭 그렇지 않은 친구들이라도 명문대학교에 재학 중인 학생들을 통해 무언가를 배우려 애를 쓰고 있죠. 이런 배움은 매우 다양한 형식으로 나타납니다. 사람들은 그들의 생활 습관, 학습 전략, 시간 관리법 등을 포함하여 배울 수 있는 것이라면 모두 찾아서 익혔습니다.

이러한 지식들 가운데 우리에게 비교적 잘 알려져 있는 것은 아무래도 하버드 대학교 도서관 벽면에 붙어있다고 전해지는 20여 개의 격언입니다. 문구는 '공부로 인한 고통은 잠깐이지만, 공부를 하지 못한 고통은 영원하다. 행복은 성적순이 아니다. 그러나 성공은 그렇다.' 같은 내용들을 포함하고 있습니다.

그러나 사실 이 내용은 하버드 대학교에 존재하지 않는 것입니다. 우리는 이 사실을 하버드 도서관 홈페이지에서 직접 확인할 수 있습니다. 많은 사람들이 문의했던 탓인지 이는 자주 묻는 질문의 상단부에 위치하고 있습니다. 홈페이지 관리자는 질문자에게 다음과 같은 답변을 남겼습니다.

"하버드 도서관에 있는 명언과 관련되어 인터넷에 떠도는 이야기는 중국에서 널리 퍼진 유머로 사료됩니다. 저희는 하버드 도서관 벽면에 있다는 모토를 어디에서도 찾을 수 없었습니다. 교수이자 도서관 사서인 로버트 달튼은 '하버드 내의 73개 도서관 내의 어느 곳에서도 이와 같은 문구를 찾을 수 없다'고 말했습니다. 이 문구를 믿었던 학생들은(특히 중국) 아마 하버드와 관련된 이런 내용들을 통해 영감을 얻었을 것입니다."

_출처: 하버드 도서관 홈페이지 (http://asklib.hcl.harvard.edu/faq/81783)

비록 하버드 대학교 도서관에 적혀 있다던 20개의 법칙이 허구로 밝혀지긴 했지만, 그 법칙이 전혀 쓸모없었던 것은 아닙니다. 잘못된 정보라 할지라도 이를 자신이 지켜야할 법칙으로 삼아 인생을 바꿨다면 그

것은 그 자체로도 큰 의미가 있습니다. 다만 이 법칙이 하버드 대학교에 적힌 것이 아니기 때문에 이를 사실로 알고 있었던 사람들의 실망감이 컸을 것입니다.

그렇다면 하버드 대학교의 학생들이 진정으로 맘속에 담았던 모토는 무엇이었을까요? 도서관에 관련된 글귀가 없으니 우리가 그 법칙을 상세히 알기는 어려울 것입니다. 다만 추측해볼 수는 있지요. 아마 꽤 재미있는 경험이 될 것입니다. 사실 이 책은 그 과정에서 나온 부산물입니다. 하버드 대학생들이 성공을 하기 위해 마음속에 품고 있는 법칙을 발견하겠다고 마음먹은 뒤 관련 내용을 정리하는 과정에서 모아둔 자료가 책의 형태로 바뀌었기 때문입니다.

'하버드 도서관 24시' 라는 타이틀을 지닌 이 책은 크게 하버드 도서관의 특징, 하버드 출신 인물들의 저서, 하버드 출신 인물들이 겪은 인생의 3가지 주제를 바탕으로 하버드 학생들이 마음에 품은 성공법칙을 찾아나가는 과정을 기록하고 있습니다. 이 책이 도서관에 대한 이야기만 하지 않는 이유는 간단합니다. 하버드 도서관에서 어떠한 시스템을 갖추고 있는지보다 그 도서관에서 공부하는 사람들의 삶과 그들의 이야기가 담긴 책이 우리의 삶에 훨씬 더 도움이 된다고 생각하기 때문입니다. 24시라는 제목이 붙은 이유도 이와 무관하지 않습니다. 우리의 인생은 24시간 계속해서 흘러가며 변합니다. 사람들은 도서관에서 꿈을 꾸고 이를 완성하며 그 과정을 책으로 다시 만들어 냅니다. 즉, 제가 책에서 말하는 도서관은 우리가 일반적으로 생각하는 건물이나 시설의 의미보다 훨씬 더 큰 역할을 담당하고 있습니다. 성공한 사람들은 모두 도서관과 책의 도움을 받았습니다. 이들은 끊임없이 변화를 받아들이며 큰 꿈을 향해 나아갑니다.

저는 이 글을 읽는 여러분들이 도서관에서 단순히 공부하는 법만을 찾길 원하지 않습니다. 도서관에는 책만 있는 것이 아닙니다. 우리는 사람들의 꿈과 열정이 한데 뒤섞여 만들어지는 각각의 세계를 이곳에서 발견할 수 있습니다. 월가에서 가장 존경 받는 펀드 매니저인 존 템플턴 경은 '자기 자신을 살아 있는 도서관으로 만들라' 고 말했습니다. 저는 여러분들이 하버드 출신의 학생들을 통해 삶에서 배워야 할 소중한 원리를 깨우쳐 나갔으면 합니다. 지금부터 하버드 학생들이 사랑했던 도서관과 책의 세계에 빠져봅시다. 그들의 열정을 통해 인생이 바뀌는 기적이 일어나게 될 것을 확신합니다.

이 책이 여러분들을 살아있는 도서관으로 만드는데 보탬이 되길 간절히 바랍니다.

정의석

Chapter 1
하버드 도서관,
삶을 품은 세계

# 1
# 즐거운 열정은 결과를 만든다

## 열정이 성과를 만든다?

이 책을 읽고 있는 여러분들은 모두 무언가를 배우고 싶다는 열망이 있을 것입니다. 그렇지 않다면 하버드라는 이름에 주목하지 않았을 것이기 때문입니다. 어쩌면 이미 비슷한 책을 많이 봤을지도 모르죠. 유사한 내용을 요약하여 하나의 체계로 정리하신 분들도 있을 것이고, 저자가 무슨 말을 하는지 확인하고 기록하며 지식을 쌓아나가는 독자도 있을 것입니다. 우리가 이토록 열심히 배우는 이유는 거의 대부분 성공과 관련이 있습니다. 이런 열망을 반영한 탓인지 시중에는 성공과 관련된 책들이 많습니다. 이 책들이 공통적으로 말하는 성공의 요소는 열정입니다.

그런데 유심히 살펴보면 열정만으로 성공하기에는 세상이 그리 호락호락하지 않습니다. 사실 성공하는 사람들은 극소수입니다. 운동선수들은 금메달을 따기 위해 열심히 노력하지만 실제로 성공할 수 있는 사람의 수는 제한되어 있습니다. 이런 사례는 운동선수들에게만 나타나는 것은 아닙니다. 사회의 다양한 곳에서 비일비재하게 일어나고 있지요.

이런 사례를 보면 열정이 성과를 만든다는 말은 그다지 신빙성이 없어 보입니다. 열심히 노력해도 좋은 결과를 만들어내지 못하고 스스로의 자리마저 빼앗긴 경험이 있는 사람이라면 이 말에 더욱더 공감할 것입니다.

그렇다면 성공하기 위해서 필요한 요소는 무엇일까요? 열정이 성공할 수 있는 요소가 아니라면 우리가 기억해야 할 것은 무엇일까요?

### 🔍 하버드 도서관에서는 어떤 일이 벌어지는가?

운칠기삼(運七技三)이라는 말이 있습니다. 어떤 일에서 성공하기 위해서는 내가 가진 기술보다 운이 더 중요하다는 말입니다. 실제로 이렇게 성공을 하는 사람이 주변에 종종 보이기 때문에 우리는 대개 하늘에서 좋은 것이 내게로 떨어지길 기대합니다. 로또에 당첨이 된 사람, 빚을 내서 구입한 부동산의 가격이 올라 즐거워하는 사람 등이 대표적인 예입니다.

하지만 저는 이들이 운만을 갖고 있었다는 사실에는 약간 회의적입니다. 물론 외부적으로 보이는 요인은 운이었겠지만 세부적으로 파고들면 그게 꼭 운만은 아니었을 것입니다. 좋은 부동산을 사기 위해서 구매자는 많은 생각을 해야 합니다. 로또를 1번만 사서 당첨될 확률은 희박합니다. 로또 당첨자들을 인터뷰해 보면 그들은 복권을 사는 것을 하나의 생활패턴으로 인지하고 있었습니다. 결국 그들이 성공할 수 있었던 운을 만든 것은 자신의 일에 몰입하는 열정이었던 것이죠. 앞서 말씀드린 운동선수의 경우에도 이 법칙은 그대로 적용됩니다. 금메달을 획득한 선수는 너나할 것 없이 모두가 열심히 땀을 흘리며 열정을 갖고 노력했습니다.

사실 성공에 있어 열정은 매우 중요한 요소입니다. 하버드 대학교의 도서관에서 공부하는 학생들을 조금이라도 살펴본다면 우리는 이게 무엇을 뜻하는지 잘 알게 될 것입니다. 우리에게 익히 알려진 바와 같이 하버드 대학교에서 요구하는 공부량은 상상을 초월합니다. 하버드 대학교뿐만 아니라 우리에게 이름이 알려진 명문대학교는 학생들이 수업에 준비없이 참여하는 것을 허락하지 않습니다. 시험 역시도 마찬가지죠. 밤을 새는 일도 부지기수입니다. 도서관에서 공부하다 기숙사에서 잠시 눈을 붙이고 다시 도서관으로 향하는 이들의 모습을 보고 있노라면 이들이 사람이 맞는 것인지 의심스럽기도 합니다. 예전에 SBS에서 방영된 ‘세계의 명문대학’에서 진행된 하버드 대학생들과의 인터뷰는 이 사실을 더욱 명쾌하게 보여줍니다.

> “어젯밤 12시부터 시작해서 오늘 아침 12시까지 공부하고, 12시에 점심 먹고 샤워하고 3시에 또 도서관에 왔어요. 잠은 도서관에서 2~3시간 잤어요.”
>
> **_패트릭 신 (경제학과 2학년)**

인터뷰의 내용이 사실이라면 이들의 공부시간은 하루에 18시간입니다. 말 그대로 밥만 먹고 공부만 하는 것이죠. 젊은 시절의 인생을 즐기고 싶을 법 한데도 이들의 태도는 확고합니다. 다른 사람들이 보면 굉장히 재미없어 보이는 인생을 이들은 묵묵히 감내하며 살아가고 있습니다.

> “아닌 게 아니라 19세인데 나가서 놀고 싶고 파티도 하고 싶죠. 나이가 더 들면 이런 기회가 없을 거고요. 그러나 동시에 우리는 미래에 대한 투자를 하고 있습니다. 지금 즐기고 싶은 것을 한껏 즐긴다면 훗날 후회할 것이기 때문입니다. 개인적으로 제가 따르는 삶과 행로를 후회하지

는 않을 것이라 생각합니다."

_다니엘 장 (사학과 2학년)

물론 이 두 사람의 사례가 모든 하버드 대학교 학생을 대변하는 것은 아닙니다. 다만 제가 말씀드리고 싶었던 것은 하버드의 학생이라면 어떤 방식을 선택하든지 자신이 원하는 목적을 달성하기 위해 노력해야 된다는 사실을 알고 있다는 점입니다. 하버드의 학생들은 성공한 사람들의 발자취를 따라가며 자신의 인생을 찾으려 애쓰고 있습니다. 노력한다고 무조건 성공하는 것은 아니지만 성공한 사람들은 모두 예외없이 노력했다는 진리를 그들이 알고 있기 때문인지도 모르겠습니다.

애석하게도 세상은 우리에게 게으름을 허락하지 않습니다. 조금만 여유를 부리면 원래 내가 누릴 수 있었던 것이 다른 사람에게로 돌아갑니다. 여유를 갖고 즐겁게 인생을 살려고 하는 사람들에게는 청천벽력 같은 소리입니다. 자꾸 내가 하기 싫어하는 것을 강요하기 때문에 삶이 즐겁지도 않습니다. 내가 하는 일이 잘 되지 않을 것이라는 강박관념이 머릿속에 가득찹니다. 성공한 사람들은 이와 정반대의 마음을 갖고 있습니다. 자신의 자리에서 할 수 있는 일을 생각하고 꿈을 이루기 위해 노력했습니다. 하버드 대학교의 학생들에게 그 방법은 공부였습니다. 그들에게 있어 공부는 능력을 발전시킬 수 있었던 가장 효율적인 방법이었습니다.

## 🔍 강압적인 공부 vs 오타쿠의 몰입

그렇다면 그들이 이렇게 열심히 공부를 할 수 있었던 이유는 무엇일까요? 아마 한 가지 이유로 단순하게 설명하기는 어려울 것입니다. 개인의 목표와 환경적 요인이 모두 다르기 때문입니다. 만약 사람들이 모두 하나의 목적을 가지고 공부를 하게 된다면 공부는 큰 의미가 없을 것입니다. 무언가에 맞춰진 인생을 살 수밖에 없을 테니까요.

저는 그들이 공부를 열심히 할 수 있었던 원인을 '자신만의 목적의식'에서 찾고 싶습니다. 아무리 다른 사람으로부터 좋은 것을 추천받는다 할지라도 그것이 본인에게 의미없다는 사실을 알게 되는 순간 그 일을 하고 싶도록 만드는 열정은 급격히 줄어들 수밖에 없습니다. 멀리 갈 필요도 없습니다. 부모님들은 자녀에게 공부를 열심히 하라고 말하지만 그 말을 듣는 이들은 매우 적은 편입니다. 자신에게 관심이 없으면 집중하지도 않습니다.

그런 면에서 괴짜들의 행위는 우리에게 많은 것을 시사하고 있습니다. 괴짜를 의미하는 영단어인 'Nerd'와 일본어 '오타쿠'는 일반적으로 사람들에게 부정적인 의미를 불러일으킵니다. 다른 사람들의 말을 듣지 않고 자신의 세계에 빠져 있다는 것 때문입니다. 실제로도 그들은 그렇습니다. 사실 괴짜들은 사람들에게 좋은 이미지로 다가오지는 않습니다.

　그러나 이들이 자신의 세계를 갖게 된 원인을 살펴보면 우리가 의외로 배울 점이 많습니다. 비록 이유와 과정은 다르지만 그들은 자신의 세계를 진정으로 사랑하고 누구보다도 그 세계에서 최고가 되고 싶어 합니다. 이들을 움직이는 것은 순수한 열정입니다. 누군가가 돈을 주는 것도 아니고, 다른 사람들이 알아주지도 않기 때문입니다. 그러나 그들은 자신이 지닌 열정을 통해 좋아하는 것에 몰입하면서 더 좋은 성과를 낼 가능성을 높입니다.

　이런 사람들은 특정한 지식을 누구에게 배우지 않고 또 스스로 길을 찾아갈 수 있습니다. 좋아하는 것에 집중하며 자신도 모르는 사이에 고급 지식을 습득할 수 있게 되는 것이죠. 이는 자연스럽게 그 사람의 경쟁력으로 자리 잡게 됩니다. 취미로 시작했다가 이를 자신의 직업으로 갖는 사례도 심심치 않게 발견되고 있죠.

　사실 생존이 절실한 요즘 같은 사회에서 이런 말은 사치처럼 느껴질 수도 있습니다. 그러나 저는 우리가 이 사실을 간과하지 않았으면 좋겠습니다. 우리가 사회에서 살아남기 위해서는 기본적으로 뛰어난 능력을 갖추어야 하기 때문입니다. 그 능력은 학벌일 수도 있고, 개인의 특기가 될 수도 있습니다. 어떤 것을 중요하게 생각하는 양에 대한 차이만 있을 뿐 우리 사회에서 능력은 정말 중요한 요소 중 하나입니다. 하버드 대학교가 있는 미국에서도 이 원리는 동일하게 적용되죠.

아마 하버드 대학교의 학생들은 누군가가 말하지 않아도 본능적으로 이 원리를 알고 있었을 것입니다. 사실 노력만 한다고 해서 열정이 만들어지지는 않습니다. 끊임없이 자신의 주변 상황과 미래를 생각하고 그렇게 해서 얻은 결과를 삶에 적용할 수 있어야 하기 때문입니다. 가장 이상적인 열정은 본인이 노력한다고 의식적으로 생각하지 않는 자연스러움에서 나옵니다.

저는 여러분들이 이 메시지를 '열정을 갖기 위해 인생을 즐겨라' 라는 뻔한 이야기로 오해하지 않으셨으면 좋겠습니다. 이 말이 우리에게 의미 있게 다가오기 위해서는 먼저 우리의 인생을 다양한 각도로 바라볼 수 있어야 합니다. 하버드 대학교의 학생과 우리의 차이는 생각보다 크지 않습니다. 그들이 우리보다 이 사실을 먼저 알았다는 것밖에는 없죠. 그들은 자신이 원하는 것을 정확하게 파악하고 이를 현실로 만들기 위해 다양한 방법을 시도했습니다. 우리 역시 이 사실을 깨닫고 자신의 내면에 집중한다면 그들의 생각을 더 가까운 거리에서 이해할 수 있게 될 것입니다.

# 2
# 책과 도서관을 사랑하라



## 🔍 사회가 바라는 도서관의 역할

여러분들이 생각하는 도서관의 역할은 무엇인가요? 지식을 제공하는 곳일 수도 있고, 정보나 문화를 교류하는 장소일 수도 있습니다. 사전에서는 도서관을 '도서, 문서, 기록 등의 자료를 모아놓고 일반인들이 볼 수 있도록 허가한 시설'이라 정의하고 있습니다. 물론 디지털 문명이 발달하면서 그 역할이 조금씩 변하고 있지만 큰 틀에서 보면 아직까지도 도서관의 역할은 이전과 거의 비슷한 형태로 우리에게 인식되고 있습니다. 도서관은 사람들이 지식을 익히기 쉽도록 돕는 시설입니다.

저는 사람의 인생을 바꾸는 가장 큰 역할을 하는 것 중 하나로 도서관을 이야기하고 싶습니다. 성공한 사람들은 이곳에서 책을 읽으며 자신의 인생을 찾고, 타인의 인생을 배우며 이를 바탕으로 새로운 지식과 이야기를 만들어냅니다. 평범한 사람들이 집에서 티비를 보고 편하게 휴식을 취하고 있는 것과는 상당히 대조적입니다.

사람마다 생각하는 바는 조금씩 다를 수 있지만, 기본적으로 우리가 생각하는 도서관의 의미는 공부를 하는 장소입니다. 새로운 것을 배우고 이를 자신이 원하는 때 활용하도록 만드는 과정이 그 내용에 포함됩니다. 여기서 어떤 방식으로 공부를 하느냐에 따라 우리의 인생이 바뀝니다.

제가 생각하는 이상적인 도서관 활용법은 스스로 궁금해 하는 것에 대한 답을 책을 통해 찾는 것입니다. 신문을 보다가 궁금한 것이 있어 관련 전문서적을 찾아 공부하고, 학교 수업을 들으면서 해결이 안 되는 것에 전문가의 견해를 통해 확인하는 과정이 가장 중요한 것이죠. 세상에서 말하는 천재들은 이런 방식을 통해 공부한 경우가 많습니다.

허나 우리나라에서는 이러한 방식으로 도서관을 활용하는 사람이 적습니다. 모두 입시 위주의 힘든 공부만을 고집하고 있기 때문입니다. 반면에 TV를 통해 보이는 서양의 모습은 우리와는 전혀 다릅니다. 그들은 책을 좋아하고 다른 사람과 책의 내용에 대해 이야기하는 것을 즐깁니다. 카페는 자연스럽게 토론장이 되고 도서관은 책과 사람이 모이는 장소로 새롭게 탈바꿈합니다. 우리가 부러워해야 할 부분입니다.

저는 도서관이 우리에게 주는 가장 큰 장점으로 새로운 것을 배울 수 있는 기회를 제공한다는 것을 들고 싶습니다. 비록 모두가 그 기회를 잡을 수 있는 것은 아니지만 적어도 모든 사람에게 도서관은 공평한 기회를 부여합니다. 결국은 우리가 얼마나 노력하는가에 달려있는 것이겠죠.

## 🔍 빌 게이츠의 도서관 사랑

저는 도서관을 통해 성공한 사람으로 마이크로소프트의 창업주인 빌 게이츠(하버드 응용수학, 중퇴)를 이야기하고 싶습니다. 일반적으로 부자와 독서 사이에는 연관성이 없어 보입니다. 하지만 자세히 살펴보면 독서와 부 사이에는 밀접한 관련이 있습니다. 예를 들어 미국 최고의 투자자인 워렌 버핏은 하루의 3분의 1을 책과 투자 자료 등을 읽는 데 시간을 보냅니다. 동아시아 최대의 갑부인 홍콩의 리카싱은 매일 잠자리에 들기 전 30분 정도 책을 읽으며 지식을 쌓죠. 책은 부자가 되는 데 필수적인 '정보'를 흡수하는 수단이기도 하지만, 집중력과 판단력을 훈련하는 데도 도움이 되는 중요한 활동입니다.

실제로 빌 게이츠가 가장 아끼는 것은 개인 소유의 도서관입니다. 약 1만 4천 여 권의 책을 보관하며, 그곳을 통해 지식을 익히고 삶에 필요한 가치를 마음속에 새기고 있는 것이죠. 일곱 살 때 부모님이 사준 백

과사전을 처음부터 끝까지 읽기로 결심하며 이를 실천에 옮길 정도로 책을 좋아했던 그는 위인전으로 독서의 경험을 확장시키며 꿈을 길렀습니다. 이후 그의 미래에 지대한 영향을 미친 컴퓨터 프로그래밍도 책을 통해 익혔죠. 이는 당시 그를 가르칠 만한 교사가 학교에 없었기 때문이기도 합니다. 앞서 언급했던 도서관의 학생들처럼 그 역시 자신의 꿈을 찾기 위해 자신이 주체가 되어 열심히 공부했습니다. 이후 그는 인터뷰를 통해 도서관의 중요성을 다음과 같이 말합니다.

"나를 키운 것은 동네 도서관이었다."

도서관은 독서를 일상화 시킬 수 있다는 큰 장점이 있습니다. 어릴 때부터 동네에 있는 도서관을 다닌 아이들은 커서도 독서 습관을 유지할 수 있는 조건을 갖춥니다. 동네 도서관은 접근성 면에서도 그렇지만, 버릇을 들일 수 있다는 점에서도 그 효과가 탁월합니다. 이런 사실을 인지한 이래 지방자치단체는 도서관 시설을 확충하는 데 큰 힘을 기울이고 있습니다. 책을 빌려주는 데서 그치는 게 아니라 도서관을 다양한 문화 활동의 거점으로 활용하려는 전략을 펴고 있죠. 빌 게이츠의 경우 이 정책을 개인의 차원에서 시행하고 있습니다. 그는 도서관을 통해 변화된 아이늘이 미래를 바꾸는 모습을 상상하며 사재를 털어 도서관을 짓는 활동을 합니다. 아마 머지않은 미래에 그가 지은 도서관을 통해서 성공하는 아이들이 나올 것입니다.

저는 우리나라의 부자들이 이런 그의 자세를 닮았으면 좋겠습니다. 국가도서관통계시스템에 따르면 현재 전국에서 운영 중인 공공도서관의 수는 1000개가 채 안 됩니다. 옆 나라인 일본이 3000개가 넘는 공공도서관을 보유하고 있다는 점으로 볼 때 한국의 도서관 상황이 얼마나 심각한지는 말하지 않아도 쉽게 알 수 있을 것입니다. 그만큼 아이들이 책을 읽을 기회가 줄어들고 있다는 의미이므로 우리는 이 사실을 심각하게 받아들여야 할 것입니다. 그런 면에서 볼 때 빌 게이츠의 이와 같은 행동은 사회적으로 큰 가치가 있습니다. 더 많은 사람들이 공정한 방식으로 혜택을 볼 수 있도록 하기 위해 생각한 계획을 욕심없이 실천에 옮기고 있기 때문입니다.

## 이상한 나라의 헌책방

책을 사랑하는 사람의 인생은 다양한 형식으로 나타납니다. 대개 이런 인생은 크게 두 종류로 나뉩니다. 하나는 물질적 성공이고 다른 하나는 타인의 시선에 구애받지 않는 자유로운 삶입니다. 전자의 가장 대표적인 예는 앞서 말씀드린 빌 게이츠 입니다. 마이크로소프트사를 통해 엄청난 부를 축적한 그는 지금까지도 많은 사람들의 롤 모델이 되고 있습니다. 비록 그의 성공 원인이 책 때문 만이라고 말할 수는 없지만, 그가 저한 문세를 해결하는데 책이 상당부분 도움을 준 것은 사실입니다.

그러나 책을 좋아하는 사람들 중에는 빌게이츠와는 달리 세상에서 정의하는 성공의 길을 걷다가도 자신이 원하는 삶을 누리기 위해 기존의 것을 과감하게 포기하는 경우도 있습니다. IT 계열 대기업에서 10년 동안 일을 하다 돌연 사표를 내고 '이상한 나라의 헌책방'을 차린 윤성근 씨가 바로 그 주인공입니다. 그는 응암동에서 책방을 운영하며 열정적으로 글을 집필하는 작가입니다. 박원순 서울시장의 집무실을 디자인한 이력이 있는 분이기도 하죠.

그가 운영하는 책방의 가장 큰 특징은 20평 남짓한 공간에 가득한 5천여 권이 모두 책방 주인이 이미 읽은 책이라는 점입니다. 자신이 읽지 않은 책은 팔지 않는다는 것, 읽은 책만 판다는 것이 바로 책방 주인의 경영 철칙이기 때문입니다. 이미 읽은 책을 팔기 때문에 손님이 왔을 때 그는 그 책에 대해서 자세히 설명해 줄 수 있습니다. 당연히 손님은 주인에게 관심을 갖게 되고 이는 결국 단골로 이어집니다. 어떻게 보면 이 책방의 주인인 윤성근 씨는 고도의 전략을 갖춘 영업을 활용하고 있는지도 모르겠습니다.

그런데 왜 하필이면 헌책방일까요? 그는 신문 매체와의 인터뷰를 통해서 그 이유를 다음과 같이 설명하고 있습니다.

"어느 날 회사를 가려고 신발장을 열었는데 신발이 이삼십 켤레가 있는 게 눈에 들어왔다. 개중에는 수집용으로 산거라 한 번도 신어보지 않은 것들이 꽤 있었다. 그걸 보는데 문득 그런 생각이 들었다. 서른이 코앞인데 누가 내게 '넌 지금까지 어떻게 살아왔고, 앞으로 어떻게 살 거냐 물으면 뭐라고 답할 수 있을까?' 하고. 신발을 모았다, 이렇게 말할 순 없는 것 아니겠나. 물론 그렇게 말할 사람도 있겠지만 그건 아닌 것 같았다."

한 번도 신어보지 못한 신발을 보면서 그는 무슨 생각을 했을까요? 아마 우리의 인생도 이처럼 한 번도 신어보지 못한 신발과 같이 될 수 있다는 생각을 했을 것입니다. 아마 그렇게 되면 매우 슬플 것입니다. 내가 만들어온 아름다운 인생이 다른 사람의 눈에 띄지도 못하고 그대로 사장 되어버린 것과 같기 때문입니다. 이런 상황을 방지하기 위한 최고의 방법은 지금 내가 하고 있는 일이나 내가 속한 집단의 성격을 바꾸는 것입니다. 윤씨는 두 가지 모두를 선택했습니다.

"책방은 책만 파는 곳이 아니라 문화공간이 돼야 해요. 일본도 10~15년 전에는 지역 책방들이 책만 진열해 파는 게 상례였지만, 불황을 거치면서 독자적인 분위기와 특화한 문화공간으로 자리매김하는 지역서점이 늘었어요."

이런 사실을 인지하고 있는 닷인지 '이상한 나라의 헌책방'에서는 한 달에 두 번씩 '심야책방'을 운영합니다. 심야책방의 핵심은 밤새 책을 읽을 수 있는 환경과 자정에 열리는 공연입니다. 이 공간은 평소에는 독서 모임이나 작은 전시회를 하는 용도로 활용됩니다.

그가 생각하는 헌책방의 의미는 우리가 이상적으로 바라보아야 할 도서관의 모습과 일맥상통 합니다. 도서관 주위에 있는 사람들의 삶을 긍정적인 방향으로 변화시키고 사람들의 마음을 편안하게 하는 공동체의 역할을 하는 것이죠. 단순히 책만 많다고 해서 도서관이 제역할을 하는 것은 아닙니다. 그 책을 가지고 어떠한 일을 해야 하는지에 대해 깊이 생각해 보지 않으면 도서관은 단순히 책을 저장하는 창고의 역할 밖에는 하지 못할 것입니다.

도서관에서 공부하는 사람들의 모습을 보아도 우리는 이 사실을 쉽게 알 수 있습니다. 직장을 구하기 위해 필요한 것만 공부하는 사람과 자신의 사명을 생각하고 세상에 보탬이 되기 위해 노력하는 사람의 인생은 같을 수 없습니다. 저는 이 글을 읽는 여러분들이 앞서 말씀드린 빌 게이츠나 윤성근씨처럼 자신의 사명을 생각하고 노력하는 모습을 보여 주셨으면 합니다. 하버드 대학교의 학생이라고 해서 저희와 크게 다른 것은 아닙니다. 꿈을 갖고 열심히 공부한 학생은 성공하지만 그렇게 하지 못할 경우 아무리 명문대의 타이틀이 있다 해도 크게 성공하기는 어렵습니다.

도서관은 우리에게 많은 것을 제공해줍니다. 그것은 빌게이츠의 사례처럼 물질적인 부가 될 수도 있고, 만족감으로부터 오는 마음의 평화가 될 수도 있습니다. 개인이 어떤 것을 선택하느냐에 따라 책은 그 역할을 충실하게 수행합니다. 중요한 것은 책을 접하는 사람의 마음입니다. 목적을 명확하게 설정하고 책을 어떤 방식으로 소화할지 정확하게 아는 사람이라면 아마 책을 통해 많은 것을 얻을 수 있을 것입니다. 그렇지 않은 경우라도 괜찮습니다. 새로운 것을 배우는 일을 좋아하는 사람이라면 반드시 이전보다 더 나은 삶을 살게 되기 때문입니다. 책은 새로운 것을 익힐 수 있는 가장 쉬운 수단입니다. 창의적인 생각을 통해 뭔가를 만들어내는 경험이 있는 사람이라면 이 말에 동의할 것입니다.

# 3
# 미래를 읽는 능력을 키워라



## 🔍 시간을 내 것으로 할 수 있다면

지금 이 글을 읽고 있는 여러분들에게 초능력이 주어진다면 가장 갖고 싶은 능력은 무엇인가요? 생각할 수 있는 것은 참 많습니다. 터미네이터에 나오는 로봇처럼 모습을 마음대로 바꾸는 능력, 시간을 마음대로 조절할 수 있는 능력, 금을 만들어내는 능력 등 세상을 바꿀 수 있는 힘은 우리의 인생을 이전과는 전혀 다른 방향으로 바꿀 것입니다.

개인적으로 제게 가장 매력적으로 다가온 능력은 시간을 마음대로 조종하는 것입니다. 과거와 미래에 구애받지 않고 자유롭게 시간을 쓸 수 있다면 아마 내가 원하는 모든 일을 할 수 있을 것입니다. 하지만 우리에게 주어진 시간은 한정되어 있습니다. 그렇기 때문에 삶이 의미있는 것이죠. 시간이라는 자원을 어떻게 쓰느냐에 따라 우리의 인생은 천차 만별로 달라집니다.

만약 이런 상황에서 다른 사람들보다 과거와 미래를 더 잘 살필 수 있다면 어떻게 될까요? 아마 훨씬 더 유리한 고지에서 세상을 바라보며 자신에게 이익이 되는 상황을 만들어낼 것입니다. 남들이 모르는 것 중에 자신에게 도움이 되는 부분을 활용하여 조금씩 원하는 바를 성취할 수 있기 때문입니다. 성공하는 사람들의 대부분은 이런 방식을 선택합니다. 그들은 남들보다 먼저, 남들이 하지 못하는 것에 창의적인 방식으로 접근하고 기존에 있던 것은 개선하여 훨씬 더 좋은 것으로 만드는 일을 좋아합니다.

비록 우리가 신처럼 세상의 모든 것을 알 수는 없지만 노력한다면 세상이 어떻게 변할 것인지를 예측할 수는 있습니다. 과거의 사건과 현재 벌어지는 상황을 바탕으로 미래에 어떤 일이 일어날지를 확인하는 것입니다. 이렇게 되기 위해서 우리는 주변의 상황에 귀를 기울이고, 이것들이 어떤 영향을 불러일으킬지 항상 생각해 보아야 합니다. 다시 말하자면 우리는 먼저 과거에 일어난 사실을(역사) 정확하게 파악하고 이를 현실에 적용시키는 방법을 고민함과 동시에 미래에 벌어질 상황을 대비해야 합니다.

## 🔍 문명은 왜 다른 속도로 발전하는가?

과거를 연구함으로써 세계적인 명성을 얻은 석학이 있습니다. 바로 제러드 다이아몬드(하버드대 학사, UCLA 의과/생리학/지리학 교수)입니다. 그는 총균쇠라는 자신의 저서를 통해 왜 세계의 문화가 다른 속도로 발전하는지를 밝혀냈습니다. 그가 책을 쓴 계기는 한 원주민 지도자의 질문이었습니다. 그가 1972년 조류의 진화를 연구하기 위해 한 섬을 방문했을 때 그곳의 원주민 지도자가 "왜 우리 흑인들은 당신 백인들처럼 '화물(서구문명의 기기들)'을 만들지 못하는 것인가?" 라는 질문을 던진 것이죠. 이후 그는 이 질문에 대한 해답을 찾으려 다양한 방식으로 연구를 진행했고 결국 그 결과를 책으로 출간하였습니다.

다이아몬드는 책을 통해 '민족마다 역사가 다르게 진행된 것은 각 민족의 생물학적 차이 때문이 아니라 환경적 차이 때문이다.' 라는 주장을 펼칩니다. 유럽인들이 아프리카나 미국 원주민보다 더 뛰어난 능력 수준을 보유할 수 있게 된 원인이 인종 간의 능력 차이가 아니라는 것이죠. 그가 주장했던 것은 환경의 차이인데 이 요소가 중요한 이유는 풍족한 환경에서 농사를 지어 1년 동안 먹고도 남는 잉여 생산물이 역사와 문화를 움직이는 원인이 되었기 때문입니다.

그가 말한 환경적 요인을 분석해보면 재미있는 사실을 발견할 수 있습니다. 사람들에게 식량이 충분하지 않다면 그 사회의 구성원은 모두 생산활동에 종사해야 합니다. 그러나 그들이 농사나 기타 여러 가지 수단을 통해서 충분한 식량을 확보하고 있다면 먹는 것 이외의 다른 분야를 생각할 수 있게 됩니다. 이는 어찌 보면 당연한 일입니다. 생산활동에 종사해야 될 시간이 남으니 지루함을 타파하기 위해 다른 시도를 하게 되고 이러한 과정을 통해서 문화가 발전하기 때문입니다.

우리의 인생도 이와 마찬가지입니다. 미래를 준비할 수 있는 여력이 없으면 단지 하루를 살아내기 바쁩니다. 그렇다고 모든 가능성을 바탕에 두고 미래를 준비하는 것도 현실적으로 불가능합니다. 그렇기 때문에 내가 어떤 미래를 맞이하게 될 것인지, 내가 이루고 싶은 것은 무엇인지 생각하고 준비하는 자세가 필요합니다.

다행히 오늘날은 이전에 비해서 환경적인 요인의 영향이 비교적 적은 편입니다. 예를 들어 10년 전만 하더라도 지방에 사는 사람이 고급 정보를 얻기는 매우 어려웠습니다. 그러나 이제는 그렇지 않습니다. 인터넷의 발달로 정보를 쉽게 접할 수 있게 되었기 때문입니다. 교통의 발달로 더 이상 지리적인 여건은 장애물이 되지 않습니다. 또한 농업기술의 발달로 인해 작물의 수확량이 폭발적으로 증가했습니다. 이러한 요인들 때문에 사람들에게는 이전에 비해 문화적으로 무언가를 누릴 수 있는 시간이 많이 주어졌습니다. 그렇기 때문에 환경적 요인은 이제 더 이상 중요한 요소가 아닙니다.

그렇기 때문에 저는 여러분들이 지금 내게 있는 것을 정확하게 파악하고 정보를 모으며 앞으로의 미래를 대비하는 자세를 지니길 권합니다. 이제는 지리적인 이점 보다는 (혹은 환경적 요인 보다는) 개인의 생각과 유연한 태도가 성공을 결정짓는 중요한 요소입니다. 이전까지의 역사와 세상을 보는 다양한 관점을 통해 자신의 미래를 생각해 봅시다. 이제까지와는 전혀 다른 인생이 펼쳐지게 될 것을 저는 마음속 깊이 확신합니다. 여러분들이 그 변화의 주인공이 되길 간절히 소망합니다.

## 미래사회의 핵심, 정보와 분석

미래를 예측할 수 있는 능력이 있다면 우리의 인생은 어떻게 바뀔까요? 다양한 의견이 나올 수 있습니다. 사람들은 만약 인류가 미래를 예측할 수 있다면 지금보다 훨씬 나은 삶을 영위할 수 있다는 것에 이의를 제기하지 않습니다. 저 역시도 같은 의견입니다. 좋지 않은 가능성을 미연에 차단하고 모든 사람이 행복할 수 있는 방향으로 사람들의 생각이 통한다면 그러지 못할 이유가 전혀 없기 때문입니다. 이처럼 앞으로 벌어질 일을 과거의 사건을 통해 예측하고 좀 더 나은 방향으로 사람들을 이끌기 위해 노력하는 이들을 우리는 흔히 미래학자라고 말합니다.

저는 우리에게 알려진 대표적인 미래학자로 제레미 리프킨을 들고 싶습니다. 소유의 종말, 노동의 종말, 엔트로피 등의 다양한 책을 통해 현대사회의 문제점과 해결점을 합리적으로 제시했기 때문입니다. 제가 여러분들께 추천하고 싶은 책은 '노동의 종말' 입니다. 우리 사회가 앞으로 어떤 일자리를 창출할 수 있을지에 대해 심도깊게 연구한 책이기 때문입니다.

리프킨이 '노동의 종말' 이라는 책을 통해서 주장하는 핵심은 사람에게 주어지는 일자리가 조금씩 사라진다는 것입니다. 적은 노동력으로 보다 많은 일을 할 수 있는 소프트웨어 프로그램과 보다 성능이 향상한 컴퓨터로 인해 일을 하는데 필요한 사람의 수가 조금씩 적어지기 때문입니다.

비록 이런 위험해서 벗어난다 하더라도 문제가 완전히 사라지는 것은 아닙니다. 기본적으로 남아있는 일자리의 질 자체가 낮아지기 때문입니다. 새로 일자리가 생기기는 하지만 대부분 저임금 부문이거나 임시직일 뿐입니다. 미국에서 1994년 4월에 창출된 일자리의 3분의 2는 저임금 노동에 해당되었습니다. 높은 수준의 교육을 받은 숙련된 노동자조차 구직에 어려움을 호소하고 있습니다. 2002년 기준 미국에서 해고된 경영 및 관리자와 전문직 노동자 가운데 22%와 중간 경력을 가진 실업자 중 25.6%는 6개월 이상 구직활동을 하고 있었습니다.

상황이 이 정도되면 사람들은 개인의 능력을 키우고 경험을 쌓으려 하기보다는 배워야 할 수많은 것들에 질려 꿈을 포기하는 경우가 많습니다. 사실 현대사회에서 직장을 구하기 위해서는 예전과 달리 피나는 노력을 해야 합니다. 갖추어야 할 전문성도 너무 많지요. 거의 대부분의 사람들은 입사에 필요한 것을 준비하다 제풀에 꺾여 중도에 포기하는 경우가 많습니다.

그런데 재미있는 것은 이러한 상황에서도 성공하는 사람이 있다는 사실입니다. 그들은 어떤 방법을 사용했기에 성공할 수 있었던 것일까요? 아마 그들은 평범한 사람과는 달리 시대의 흐름을 잘 읽을 수 있었을 것입니다. 일반인이 준비하지 않으면서도 자신에게 유리한 분야를 찾아 선점하고 이에 따른 반사이익을 철저하게 누렸던 것이죠. 제레미 리프킨 역시도 이들처럼 지식을 선점하고 미래에 일어날 일에 현재의 데이터를 접목하여 '노동의 종말' 같은 명저를 집필할 수 있었습니다.

위와 같은 상황은 남아있는 노동자가 정신적, 육체적 피로에 시달리는 것과 상당히 대조적입니다. 현대사회의 노동자들은 빠른 작업과 높은 성과를 요구하는 기업과 회사의 기대에 부응해야 합니다. 컴퓨터와 인터넷이 발달하면서 신속하게 정보를 접하는 것에 익숙하지 못한 사람이 받는 스트레스는 상상을 초월합니다. 그렇기 때문에 사람들은 이전에 비해 사회적으로 소외될 가능성이 훨씬 더 높아졌습니다.

'노동의 종말'이라는 책이 발간된 시기가 1996년도였다는 사실을 감안해 볼 때 앞서 말한 예측은 놀라울 정도로 정확하게 이 사회를 관통하고 있습니다. 우리 주변의 도서관만 봐도 이 사실을 아주 쉽게 알 수 있습니다. 요즘 도서관의 책들은 모두 컴퓨터로 저장 및 관리가 진행됩니다. 수십 년 전만해도 사람이 하던 일을 이제는 컴퓨터가 대체한 것이죠. 지금 우리가 사람 밖에 할 수 없는 일이라고 생각하는 것들도 결국에는 모두 기계로 대체될 것입니다. 그렇기 때문에 저는 우리가 앞으로 어떤 일을 해야 할지 끊임없이 고민해야 한다고 생각합니다.

미래를 예측하기 위해 우리에게 필요한 것은 사건의 전체를 조망할 수 있는 통합적 시야입니다. 이는 경험과 지식의 축적을 통해 가능합니다. 이전의 사건을 통해 미래를 살펴보는 것이죠. 만약 누군가가 단순히 과거를 정확히 기억하는 것에 그치지 않고 이를 자신과 주변의 상황에 맞게 재해석하는 능력을 갖춘다면 그 사람은 반드시 많은 사람들에게 도움이 되는 일을 할 수 있을 것입니다. 지금 이 글을 읽는 여러분 모두가 미래를 예측하고 스스로의 꿈을 이루기 위해 필요한 것들을 잘 찾아낼 수 있었으면 좋겠습니다. 그 능력을 기르는데 주변에 있는 도서관의 책들이 도움이 되기를 간절히 바랍니다.

4

# 남들과 다른 생각을 하라

## 🔍 엉뚱한 생각이 창의력인가?

우리 주변에는 특이한 사고를 하는 사람이 참으로 많습니다. 누군가가 생각하지 못했던 기발한 아이디어를 떠올리며 주변을 놀라게 하는 것이죠. 우리는 이런 사람들을 가리켜 창의력이 있는 인재라고 말합니다. 기본적으로 이 능력은 '변화'라는 속성을 지니고 있습니다. 새로운 것이기 때문입니다.

사실 이러한 능력이 긍정적인 방향으로 나타날지 혹은 부정적인 방향으로 나타날지 예측하기란 쉽지 않습니다. 어쩌면 이 능력은 사람들이 애써 만들어낸 기존의 질서를 무너뜨리는데 가장 혁혁한 공을 세우고 있는지도 모릅니다. 그래서 기득권층은 창의적인 발상을 좋아하는 편이 아닙니다. 기득권층의 대부분이 보수적인 생각을 갖고 있다는 사실이 이를 대변하고 있습니다.

하지만 세상에 창의적인 생각이 없다면 우리의 인생은 매우 재미없을 것입니다. 모든 것이 예측가능하고 새로운 것을 생각할 수 없는 환경에서는 쉽게 지루함을 느끼기 때문입니다. 물론 이런 상황은 우리가 바라는 바가 아닙니다. 우리는 새로운 아이디어를 바탕으로 기준의 낡은 것을 부수며 자신과 주변을 끊임없이 발전시켜야 합니다. 성공한 모든 사람들은 자신의 인생을 사랑하면서도 끊임없이 스스로의 능력과 생활습관을 개선하기 위해 많은 노력을 기울였습니다. 우리가 이들처럼 행동하지 않는다면 우리의 인생은 지금보다 크게 바뀌지 않을 것입니다.

사실 우리는 창의력이 중요하다는 사실을 너무나도 잘 알고 있습니다. 다만 문제는 이를 어떻게 하면 유용하게 활용할 수 있을지 모른다는 것입니다. 창의력이 발현되는 방식은 사람마다 모두 다릅니다. 우리가 이 능력을 정확하게 활용하는 방법을 알게 된다면 아마 우리 인생은 크게 달라질 것입니다. 그런 면에서 볼 때 창의적인 발상을 토대로 새로운 주장을 한 사람들의 논리를 살펴보는 일은 큰 의미가 있습니다.

## 🔍 아이의 성격은 부모가 결정한다?

저는 이 사실을 대변하는 대표적인 사례로 하버드 대학교 심리학과를 졸업한 주디스 리치 해리스를 들고 싶습니다. 그녀는 교육 및 심리 전문가로 아이들의 교육에 관심이 많았고 오랜 기간의 연구 끝에 '양육가설(The Nurture Assumption)'이라는 책을 출간하였습니다. 양육가설은 당시에 주류로 자리잡았던 주장을 완전히 뒤엎는 내용이었기에 학계에 큰 반향을 불러일으켰습니다.

그녀가 주장하는 바는 뚜렷합니다. 아이의 성격이 부모의 양육에 의해서 만들어지는 게 아니라는 겁니다. 아이의 성격은 많은 부분에서 선천적으로 타고났으며, 나머지를 채우는 환경은 부모님의 양육보다는 또래 집단과의 관계에서 만들어진다는 것입니다. 아마 한국의 부모님들은 이 책의 내용에 쉽게 동의하기 어려울 것입니다. 아이를 위해서 정말 많은 것들을 투자했는데 이게 아이의 인생에 영향을 주기 어렵다는 말을 듣는다면 아마 누구라도 그렇게 느낄 것입니다.

그렇다면 이 문제를 해결하기 위해 그녀가 제시하는 대안은 무엇일까요. 답은 의외로 간단합니다. 부모로서 기본적으로 제공해줘야 하는 것을 해줄 것, 아이가 자신의 기질을 발휘할 수 있도록 지원해 줄 수 있는 만큼은 지원해 줄 것, 아이를 인간적으로 존중해 줄 것, 그래서 나와 아이의 '개인적인 관계'가 원만할 수 있도록 가꾸어 나갈 것 등이죠. 이 과정에서 아이의 자유의사를 침해하는 요소는 철저히 격리되어야 합니다. 사실 그녀의 주장은 지극히 상식적이지만 이 과정에서 부모의 의견이 개입하게 되고 결국 아이에 대한 간섭으로 이어집니다.

저는 심리학자가 아니기 때문에 그녀의 주장이 옳은지 그른지에 대해 판단을 내릴 수가 없습니다. 혹여 판단을 내린다 해도 그것이 신빙성 있게 들리지는 않을 것입니다. 제가 그녀를 통해 배우고 싶은 것은 아이가 부모의 영향을 받지 않으면서 성장할 수도 있다는 작은 아이디어를 다양한 근거와 사례를 들어 자신만의 이론으로 발전시켰다는 점입니다. 아마 그녀는 자신의 주장을 증명하기 위해 전략을 수없이 고민하고 이를 실험에 옮겼을 것입니다. 남들과 다른 생각이 훌륭한 연구과제가 된 것이죠.

새로운 생각은 새로운 가능성을 의미합니다. 살면서 우리가 얼마나 많은 가능성을 사장시켜 왔는지 생각해 봅시다. 똑같은 것만 생각하게 되었을 때, 우리의 인생은 예측 가능하게 됩니다. 우리는 모두 무한한 가능성을 지니고 있습니다. 그 가능성을 죽이는 인생을 선택하시겠습니까 아니면 스스로의 인생을 개척하며 다른 사람들에게 긍정적인 영향을 미치는 삶을 택하시겠습니까? 저는 전자보다는 후자의 삶이 더 가치있을 것이라 생각합니다.

## 경험과 창의력, 그 상관관계

사람들은 현대인의 가장 필요한 능력으로 창의력을 꼽습니다. 가까운 서점만 살펴보아도 창의력과 관련된 책의 수는 셀 수 없을 정도로 많습니다. 지금까지 이와 관련된 책이 무수히 많이 나왔음에도 불구하고 같은 주제로 계속 책이 출간되는 것을 보면 확실히 우리 사회의 키워드는 창의력이 맞는 것 같다는 생각이 듭니다.

사전에서 정의하는 창의력은 새로운 것을 생각해내는 능력입니다. 새로운 것을 생각하려면 무엇이 필요할까요? 사람들은 되게 뛰어난 머리가 있어야 한다고 생각하지만 의외로 지능은 창의력과는 연관성이 큰 편이 아닙니다. 오히려 현상을 통해서 자신이 생각해오던 것을 새롭게 발견할 수 있는 능력이 중요하죠. 이는 지능보다는 그 사람의 몰입도와 훨씬 더 깊은 관련이 있습니다.

이런 상황에서 누군가가 일반인보다 더 많은 것을 경험하고 이를 자신의 삶에 적용하는 훈련을 꾸준히 한 상태라면 아마 그는 자신의 능력을 올바른 방향으로 온전히 발휘할 수 있게 될 것입니다. 앞서 말씀드린 주다스 리치 해리스는 양육에 대한 새로운 의문을 통해 자신만의 법칙을 확립할 수 있었습니다. 뉴턴의 경우에도 떨어지는 사과를 통해 만유인력의 법칙을 발견했습니다. 이들이 발견한 것은 위대한 성과지만 사실 그 성과를 낼 수 있도록 만들어준 계기는 의외로 사소했습니다. 대부분의 사람들은 이러한 계기를 통해서 새로운 무언가를 만들어내지 못합니다. 꾸준히 자신의 능력을 발전시키고 지식을 익히는 것을 게을리 하지 않는 사람들에게만 허락되는 특권이기 때문입니다.

사람들이 공부하는 모습을 가장 많이 볼 수 있는 곳은 도서관입니다. 사람들은 도서관에서 다양한 생각을 합니다. 자신이 원하는 결과, 꿈을 이루어 가는 과정, 나로 인해 변하게 될 세상 등 생각할 수 있는 것은 정말 많습니다. 사람들이 이처럼 자신이 생각하고 있는 것을 이루기 위해서는 반드시 공부가 필요합니다. 물론 이때 말하는 공부는 시험에서 높은 성적을 받기 위해 외워야 하는 암기과목이 아닙니다. 대부분의 사람들은 학교가 딱딱하다고 생각하지만 잘 살펴보면 의외로 학교에서 제대로 된 공부가 이루어지는 경우가 많습니다. 우리가 그 사실을 모르는 것뿐이죠.

다양한 주장이 담긴 논문을 찾아 자신의 의견과 대조하고 이를 재해석하며 새로운 지식을 창출하는 과정은 도서관에서 꽤 자주 발견됩니다. 책을 보고 그 의미를 파악하며 다음에 공부해야 할 것을 고민하는 과정을 통해 학생들의 지적능력은 큰 폭으로 향상됩니다. 애석하게도 한국에서는 이러한 공부 과정을 밟아나가는 학생들의 수가 매우 적은 편입니다.

저는 한국의 학생들이 자신의 의견을 온전히 펼칠 수 있는 훈련을 계속 했으면 좋겠다고 생각합니다. 누군가의 명령에 따라서만 움직이는 사람들이 많아지는 사회는 발전 가능성이 낮습니다. 저는 지금 우리가 살고 있는 이곳이 다른 사람들의 의견을 묵살하는 사회가 되는 것을 원치 않습니다. 오늘날 개성과 창의력은 그 사람이 평생 가지고 가야 할 중요한 무기 중 하나입니다. 저는 우리 사회에서 창의적 사고를 가진 사람들이 많이 나왔으면 합니다. 또한 그 사람 중 한 명이 지금 이 글을 읽는 여러분들이었으면 좋겠다는 생각을 합니다. 사람은 모두 마음속에 새로운 무언가를 만들어낼 수 있는 능력을 모두 갖고 있습니다. 그 능력을 활용하지 못하고 평생 다른 사람이 좋아하는 것만을 한다는 것은 너무 슬픈 일입니다.

5

# 사물의 현상과 원리를 파악하라

## 개념원리의 정확한 의미는 무엇일까?

요즘 들어 사람들이 자주 하는 말 중 하나는 '개념이 없다' 입니다. 이 말은 깊게 생각하지 않고 부주의하게 행동한다는 뜻을 담고 있습니다. 인터넷에서 종종 발견되는 소위 '개념이 없는 사례' 는 우리의 눈살을 찌푸리게 만듭니다. '사람이라면 저렇게 하면 안 되는데' 라는 생각이 모든 이들의 마음속에 자리잡고 있기 때문입니다.

이처럼 개념은 사람이 기본적으로 지켜야 할 모든 것, 또는 어떠한 것을 배우기 위해 필요한 기초적인 것을 의미합니다. 그렇기 때문에 개념이 없다는 말은 사람으로서 꼭 필요한 부분이 없다는 말과 같은 뜻입니다. 필요한 부분이 없다면 당연히 우리의 인생은 그만큼 만족스럽지 못할 것입니다. 또한 보람되지도 않겠죠.

살면서 스스로 생각하지 않으면 우리의 인생은 다른 사람에 의해 휘둘릴 가능성이 매우 높습니다. 또한 무언가를 배우는 데도 많은 시간이 소요되죠. 한마디로 생각이 없는 삶은 지극히 비효율적이라고 할 수 있습니다. 기왕이면 조금 더 효율적인 것이 우리의 인생을 위해 낫지 않을까요? 그 방식이 도덕적으로 나쁘지만 않다면 말입니다. 같은 시간과 노력을 들였는데 상대방의 성과가 나보다 좋다면 그것보다 억울한 일은 없을 것입니다.

저는 그렇기 때문에 이 글을 읽는 여러분들이 인생을 깊이 생각하고 인생의 전반적인 그림을 그리는데 필요한 내용(기초적인 개념과 원리)들을 떠올릴 수 있었으면 좋겠습니다. 그러한 과정을 통해 우리의 인생이 단단해지고 알차게 변하기 때문입니다. 물론 그 방식이 하나만 있는 것은 아닙니다. 중요한 것은 그 여러 가지의 방식 중 자신에게 맞는 것 하나를 적절하게 잘 선택하는 일입니다.

## 괴짜가 바라보는 돈의 원리

요즘 들어 사람들은 돈을 모으는 일에 관심이 많은 듯 합니다. 아무래도 취업이 어렵고, 삶이 팍팍해지다보니 이는 어찌 보면 당연한 수순이라고 할 수 있습니다. 여기저기서 재테크 관련 서적과 세미나 및 인터뷰 등이 쏟아집니다. 그들의 이야기를 듣고 있으면 내가 부자가 된 것만 같습니다. 허나 현실은 애석하게도 그렇지 않죠.

현대사회에서 돈이 갖는 위력은 상상을 초월합니다. 물질만능주의 시대라는 말처럼 오늘날에는 돈을 통해 거의 대부분의 것들을 이룰 수 있습니다. 그렇기 때문에 저는 우리가 경제의 작동원리를 알게 된다면 얼마나 좋을까라는 생각을 갖게 됩니다. 미국 월가의 엘리트들은 그들이 누리고 있는 경제적 지식의 우위를 바탕으로 많은 이익을 창출합니다. 경제 위기 시절에도 그들은 성과급을 챙기며 승승장구했었죠. 물론 이건 우리와는 약간 다른 문제이긴 하지만 이 사례를 통해서 우리는 '아는 것이 힘이다' 라는 진리를 생각해 볼 수 있습니다. 기왕이면 무언가를 알고 해결책을 마련하며 문제가 발생했을 때 유연하게 대처할 수 있는 것이 여러모로 좋습니다.

그런 점에서 우리에게 색다른 시선을 제공하는 사람이 있어 화제입니다. 하버드 대학교 경제학과를 최우수로 졸업하고 현재 시카고 대학교에서 경제학을 가르치고 있는 스티븐 레빗, 2003년도에 미국의 예비 노벨상이라고 불리는 존 베이츠 클라크 메달을 받은 데다 그 해 포춘지 선정 40세 미만의 혁신가 10인에 이름을 올린 인재 중의 인재입니다. 우리나라에서는 '괴짜경제학(Freaknomics)' 의 저자로 잘 알려져있죠.

경제학자답게 그가 세상의 원리를 판단할 때 사용했던 것은 사람들에게 주어지는 인센티브였습니다. 일반적으로 우리는 인센티브를 회사에서 추가적으로 주는 수당으로 인식하지만 스티븐은 그 범위를 조금 더 확대합니다. 단순히 돈의 영역을 포함하여 칭찬 및 기타 성취욕을 자극하는 모든 것들을 인센티브에 포함시킨 것이죠. 해당 내용은 괴짜경제학을 통해 자세히 살펴볼 수 있습니다. 주제는 일관되지 않지만 이를 관통하는 원리를 발견하려고 했다는 점에서 큰 의미가 있는 책이므로 시간을 내서 일독해보실 것을 권해드립니다.

물론 요즘은 창의력을 바탕으로 하는 사회이기 때문에 인센티브만으로 세상이 돌아갈 것이라고 보는 견해는 옳지 않다는 의견이 조금씩 나오고 있습니다. 미래학자인 다니엘 핑크가 대표적이죠. 창의적인 사람들이 잘 활동할 수 있으려면 인센티브보다는 내적 동기가 중요하다는 것이 그의 의견입니다. 허나 저는 이런 논쟁보다는 그들이 스스로의 기준을 바탕으로 세상을 분석하고 법칙을 확립하는 점에 주목하고 싶습니다. 세상의 원리는 모두 같지만 이를 바라보는 사람들이 어떻게 생각하느냐에 따라 인생의 목적과 집중해야 할 분야가 달라집니다. 그런 점에서 두 사람은 모두 훌륭한 나침반을 가졌다고 볼 수 있습니다.

특출난 사람들은 모두 세상을 바라보는 자신만의 기준이 있고 이를 현실로 적용하여 큰 성과를 냈습니다. 재미있는 것은 그들이 우리와 별반 다르지 않다는 점입니다. 세계를 뒤흔든 천재들의 경우는 일단 배제하고서라도 주변에서 성공한 사람들을 보게 되면 우리는 이 사실을 쉽게 알 수 있습니다. 성공한 사람들은 한결같이 무언가에 몰두했고 이를 통해 세상의 원리를 파악하여 삶에 적용하고 그 결과를 온전히 얻을 수 있었습니다.

## 🔍 철학자 탈레스와 올리브 기름

어떤 일을 잘 해내기 위해 원리를 파악하는 일은 정말 중요합니다. 아무것도 알지 못하는 상태에서 일을 시작하는 것만큼 무모한건 없습니다. 그런데 우리는 의외로 이러한 실수를 자주 저지릅니다. 일단 도전하고 결과를 기다린다는 식의 마음으로 접근했다가 낭패를 보는 것이죠. 물론 도전 정신이 나쁜 것은 아니지만 이후에 발생할 문제를 미연에 예측하고 대비한다면 성공 확률을 훨씬 높일 수 있기 때문에 우리는 이 사실에 주목해야 합니다.

원리를 파악하기 위해 우리가 해야 될 것은 무엇이 있을까요? 저는 자신이 가지고 있는 지식을 정리하고 이를 바탕으로 어려운 과제에 계속해서 도전하는 것이야말로 원리를 파악하는 최고의 훈련이 아닐까 생각합니다. 그래서 혹자는 우리의 지능을 향상시키기 위해서 철학책을 읽어야 한다는 주장을 펼치기도 합니다. 몇 년 전부터 유행하게 된 인문학 열풍에는 이런 배경도 일부 포함되어 있습니다.

앞서 말씀드린 내용을 자신의 상황에 효과적으로 적용시킨 사람 중 하나로 저는 그리스의 철학자인 탈레스를 이야기 하고 싶습니다. 그는 관측 장비 없이 일식을 예측하고, 삼각형의 닮음꼴을 활용하여 피라미드의 높이를 구할 수 있었던 천재였죠. 오늘날에 학생들이 배우는 수학의 원리인 닮음꼴을 2000년 전에 알아냈다는 사실이 경이롭게만 느껴집니다.

그러던 그도 일상생활에서는 실수를 많이 저질렀던 것 같습니다. 생각이 많았던 탓인지 길을 걷다 넘어지거나 구덩이에 빠지는 경우가 많았기 때문입니다. 사실 이 문제 자체는 그렇게 심각한 것이 아닙니다. 그러나 길을 가던 아낙이 구덩이에 빠져 넘어진 자신을 멍청하다며 놀리는 모습을 발견하게 된 뒤로 그는 스스로가 똑똑하다는 것을 사람들에게 증명하기 위해 하나의 사건을 계획하게 됩니다.

자신의 지식을 총동원하여 내년에 올리브 농사가 풍년이 될 것이라고 예측한 탈레스는 해가 지나기 전 올리브 기름을 짜는 기계를 모두 임대하는 기행을 저지릅니다. 사람들은 그가 왜 이런 행동을 하는지 의아해 했습니다. 의문은 다음 해에 풀렸습니다. 풍년으로 끝난 올리브 농사를 통해 얻은 결실로 기름을 생산하기 위해 찾아간 방앗간에서 모두 탈레스에게 사용의사를 물어보라고 대답했기 때문입니다. 쓰려는 사람은 많은데 허가를 내 줄 수 있는 사람이 한 명 밖에 없었으니, 도시의 자본은 자연스럽게 탈레스에게 집중되었을 것입니다. 자신이 익힌 지식을 사물의 현상과 원리를 파악하는데 활용하고 이에 따르는 대안을 정확하게 마련한 결과가 아닐까 생각합니다.

우리는 박지원이 쓴 허생전에서도 비슷한 사례를 찾아 볼 수 있습니다. 돈을 벌지 못하고 집에서 책만 읽던 그는 지역 유지인 변진사에게 만냥의 돈을 빌린 뒤 이를 10배의 금액으로 불리는 쾌거를 이룹니다. 그가 돈을 벌 수 있었던 원인은 간단히 요약하자면 독점이었습니다. 양반들의 제사에 꼭 필요한 과일을 모두 사들인 뒤 필요한 시기에 비싼 돈을 받고 팔았던 것입니다. 양반들은 과일이 필요했지만 그 과일은 오로지 허생을 통해서만 구할 수 있었습니다. 그래서 그는 양반들에게 과일의 가격을 비싸게 받을 수 있었습니다.

사실 우리는 독점이라는 말을 어감 때문에 좋지 않은 것으로 인식하지만 아이디어의 영역에서 보면 독점은 큰 의미를 지녔습니다. 다른 사람들이 생각하지 못한 아이디어를 만들어내는 일은 현대를 살아가는 우리에게 꼭 필요한 부분입니다. 나만의 경쟁력으로 자리잡을 수 있기 때문입니다. 현대에서 필요로 하는 사람은 주어진 문제를 일반인이 생각하지 못한 방법으로 해결할 수 있는 인물입니다. 만약 여러분들이 회사에서 그런 능력을 보여준다면 상사들의 신임을 한 몸에 받을 수 있을 것입니다.

도서관에 있는 책들을 잘 살펴보면 개론이라는 이름이 붙은 도서들이 참 많습니다. 대학생들이라면 이 책이 어떤 내용을 포함하고 있는지 잘 알고 있을 것입니다(개론은 전체 내용을 요약하여 간략하게 소개한다는 뜻을 지녔습니다). 대개 개론은 재미없고 딱딱합니다. 1학기 동안 진행되는 강의에서 학생들은 이 과목을 그저 빨리 지나쳐야 하는 단계로 인식하는 경우가 많습니다. 그러나 이때 익히는 개론은 앞으로 공부하게 될 전공 과목에서 매우 중요한 역할을 담당합니다.

앞서 살펴보았던 개론서와 마찬가지로 우리는 현상과 원리를 파악하기 위한 기본기를 딱딱하고 지루한 것이라고 생각합니다. 악기를 연주할 때도, 춤을 출 때도, 무술을 할 때도 가장 먼저 배우는 것은 기본기입니다. 기본기를 배우는 이유는 간단합니다. 기본기가 사물의 현상이나 원리를 파악하는데 도움이 되기 때문입니다. 비록 기본기를 익히는데 시간이 많이 걸린다 할지라도 기초가 확고하게 잡히게 되면 이후의 과정이 순탄하게 진행됩니다. 공부법을 다루고 있는 책을 보면, 전체적인 그림을 먼저 그리고 세부적으로 접근하라는 내용이 나옵니다. 그만큼 그림을 그리기 위한 기초적인 개념은 매우 중요합니다. 하버드 대학교 학생의 경우에도 공부를 하면서 기초적인 내용을 무시하고 바로 고급 지식을 익히는 경우는 거의 없습니다.

물론 이런 능력을 갖추기 위해서는 많은 노력이 필요합니다. 단순히 기본을 아는 것에 그치지 않고 이를 다양한 상황에 적용하면서 전체적인 현상을 볼 수 있는 눈을 갖추어야 하기 때문입니다. 저는 이 글을 읽는 여러분들이 주변의 사건을 단순한 시선으로 바라보지 않고 다양한 방법으로 관찰하며 자신에게 유리한 무언가를 만들어 낼 수 있었으면 좋겠습니다. 그렇게 할 수 있는 사람이라면 아마 주변에 있는 이들보다 훨씬 유리한 고지를 점령할 수 있을 것입니다.

6

# 시련을 견디는 힘을 갖추어라

## 🔍 어려움 없는 인생은 없다

우리는 살면서 다양한 종류의 시련을 겪습니다. 학생들은 좋은 성적, 좋은 대학교에 대한 강박관념이 있습니다. 좋은 학교에 들어가면 좋은 직장을 구해야 합니다. 또 멋진 배우자를 만나 아름다운 가정을 꾸려야 하지요. 이 글을 읽고 있는 여러분들이 예상하고 있는 바와 같이 우리의 목표를 이루기란 생각보다 쉽지 않습니다. 특히 요즘은 이 모든 목표가 생존에 직결되어 있습니다.

비록 이런 상황에 썩 달갑게 다가오지 않더라도 저는 우리에게 주어진 이 어려움만큼은 다양한 방식으로 고민해보아야 한다고 생각합니다.

그 이유는 간단합니다. 앞서 말씀드린 바와 같이 생각을 통해 우리가 이전보다 나은 인생을 누릴 수 있기 때문입니다. 생각하지 않고 주변의 흐름에 맞춰 사는 인생은 그리 매력적이지 않습니다.

신문이나 뉴스를 잘 살펴보면 성공한 사람들은 모두 예외없이 큰 시련을 겪었습니다. 하버드대의 학생들도 마찬가지입니다. 그들은 모두 자신을 매일같이 극한의 시련으로 던져 넣으며 개인의 능력을 발전시켰습니다. 밤을 새며 공부하고, 인생을 생각하며 자신을 채찍질 한 것이죠. 우리는 이러한 자세를 배워야 할 필요가 있습니다.

인생을 편하게 살고 싶어하는 마음이 나쁜 것은 아니지만 노력하지 않고도 무언가를 얻으려고 하는 것은 바람직하지 못합니다. 하늘이 우리에게 고난을 주는 이유는 이 때문입니다. 좋은 쇠를 만들기 위해 대장장이가 수없이 망치질을 하는 것처럼 우리 역시도 인생의 시련을 통해 몸과 마음을 단련해야 합니다. 물론 일부러 고난을 찾아다니면서 자신을 학대할 필요까지는 없지만 내게 시련이 찾아 왔다고 해서 인생을 쉽게 포기해선 안 됩니다. 모든 어려움에는 다 그만한 이유가 있게 마련입니다. 이를 이긴 사람에게는 새로운 인생이 다가올 수밖에 없습니다. 우리는 이 사실을 꼭 기억해야 합니다.

## 🔍 열정적인 등반가 휴 허, 그의 시련은 무엇인가?

하버드 대학교 생물학과를 졸업한 휴 허는 이런 점에서 우리에게 특별한 점을 시사하고 있습니다. 펜실베니아주 랜체스터에서 다섯 형제 중 막내로 태어난 휴 허는 비범한 암벽 등반가였습니다. 8살 때부터 그는 캐나다소재 로키 산맥의 템플 산(3,544m)을 올랐고 이러한 과정을 거쳐 17세에 미국에서 가장 뛰어난 등반가 중 하나로 인정받게 되었습니다.

그러나 그의 영광스러운 인생은 오래가지 않았습니다. 1982년 1월 얼음 등반을 하던 중 동료와 눈보라 속에서 3일 동안 고립되는 사고를 당했기 때문입니다. 심각한 동상을 입은 그는 양쪽다리를 모두 무릎 아래까지 절단해야 했습니다. 이는 그가 더 이상 등반가로 활동할 수 없게 되었다는 사실을 의미했습니다.

그런데 신기한 일이 일어났습니다. 몸의 일부를 잃은 휴 허가 등반을 다시 시작한 것입니다. 등반을 하기 위해 그는 직접 디자인한 특화된 보형물을 사용하여 바위 모서리에서도 설 수 있는 의족을 만들었고, 얼음벽을 오르도록 도와주는 보조 스파이크도 제작했습니다. 이 장비를 활용한 휴 허는 사고를 당하기 전보다 더 높은 곳까지 올라갈 수 있었습니다. 그의 이런 모습은 사람들에게 많은 귀감이 되었습니다. 이전에는 단순히 운동만을 좋아했다면, 지금은 자신의 취미를 해결할 방법을 찾으며 장애인에게 도움이 되는 장비를 만들어내는 과학자로서의 삶을 동시에 누리고 있기 때문입니다.

이런 노력을 통해 휴 허는 재활 과학 분야에서 60개가 넘는 출판물을 발행했으며, 컴퓨터로 조종하는 인공무릎, 활동성 발목 보조기 뿐만 아니라 충전식 발목 보조기구와 관련된 10개 이상의 특허권(공동 소유 포함)을 보유하고 있습니다. 그의 목표는 크게 두 가지입니다. 하나는 사지절단이나 병으로 고통받는 사람들에게 일상생활을 할 수 있는 능력을 주는 것이고, 다른 하나는 순수한 측면에서 인간의 육체적 능력을 향상시키는 것입니다.

대부분의 사람들은 하버드생을 떠올릴 때 엘리트의 냄새를 풍기는 이들을 생각하는 편입니다. 치열하게 노력하고 고난을 극복한 사람들의 모습은 사실 우리가 쉽게 떠올리기 어렵습니다. 저는 이 사례를 통해 하버드 대학교의 학생이라 할지라도 결국 우리와 같은 어려움을 겪고 이를 극복하며 성장한다는 것을 보여드리고 싶습니다. 온실 속에서 자란 화초의 생명력은 그리 강하지 않습니다. 우리가 인생에서 성공하려면 세상의 어려움을 직접 부딪치며 극복하고 자신을 단련시켜야 합니다. 그렇게 이룬 성공이 아니라면 아마 이는 무너지기 쉬운 모래성과 같을 것입니다. 우리가 원하는 인생과도 거리가 있죠. 저는 여러분들이 지금 이 시간을 통해 마음을 다시 한 번 굳게 먹었으면 합니다. 성공은 어려움을 정면으로 마주할 수 있는 용기가 있는 자에게만 허락된 특권입니다.

## 🔍 4300km의 걸음, 무엇을 바꾸었나?

군대에서 하는 훈련 중 병사들이 가장 힘들어 하는 것 중 하나는 행군입니다. 행군이 힘든 이유는 여러 가지가 있겠지만 그 중 가장 대표적인 것은 아무래도 밤에 먼 거리를 끊임없이 걸어야 한다는 점 때문입니다. 이때 병사는 거의 대부분 바로 앞 사람의 발뒤꿈치나 방탄 헬멧을 볼 수밖에 없는데, 이런 상황이 계속되면 집중력이 저하되고 의식의 범위가 좁아지면서 시간 감각이 평상시와 달라집니다. '멍한 상태에서 끊임없이 걸었다.', '죽을 것 같이 걸었는데도 끝이 보이지 않았다.' 와 같은 말이 나오는 이유는 이 때문입니다.

제가 글의 서두에 군대의 행군을 말씀드린 이유는 걷기를 활용하여 자신의 인생을 180도 바꾼 사람이 있기 때문입니다. 그녀의 이름은 셰릴 스트레이드, 그녀는 엄마의 죽음 이후 마약중독, 외도, 이혼, 원치 않은 임신 등을 겪으며 철저히 망가진 자신의 삶을 회복하기 위해 걷기로 결심했습니다.

문제는 그녀가 도전한 길이 퍼시픽 크레스트 트레일(PCT)이라는 악명이 자자한 코스라는 점이었습니다. PCT는 4300km의 도보여행 코스입니다. 눈 덮인 고산 지대와 수많은 산맥 및 사막, 광활한 평원과 화산지대까지 그 모든 자연을 거치고서야 완주할 수 있는 길이죠. 이 길은 1년에 겨우 130명 정도만이 성공하는 난코스로 악명이 높습니다. 상식적으로 생각해보았을 때 그녀의 이런 도전은 상당히 무모해 보였습니다. 그 길을 완주했을 때 얻을 수 있는 것도 확실치 않은데다가 그녀의 상황이 도보여행을 할만큼 좋았던 것도 아니었기 때문입니다.

이야기를 궁금해 하시는 분들을 위해 결론을 먼저 말씀드리면 그녀는 약 90일 간의 일정을 통해 해당 코스를 완주했습니다. 이런 그녀의 이야기는 이후 영화나 책으로 제작되어 사람들의 마음을 움직였습니다. 그녀의 이야기를 접한 이들은 열광했고, 이전보다 더 쉽게 어떤 일에 도전할 수 있게 되었습니다. 그녀의 도전과정을 보며 용기를 얻었기 때문이 아닐까 생각합니다.

셰릴의 인생에도 많은 변화가 생겼습니다. 그녀는 이 여행을 통해 과거를 완전히 청산했고 재혼에 성공했습니다. 시간이 지나 자녀들에게 그때의 경험을 이야기해 줄 수도 있게 되었죠. 이전의 암울했던 인생과 비교해 보았을 때 이는 정말 놀랄만한 성과가 아닐 수 없습니다.

그녀는 길을 걸으면서 어떤 생각을 했을까요? 제게 마음을 읽는 능력이 없기 때문에 정확한 답은 알 수 없습니다. 다만, 그녀가 이와 같은 도전에 성공한 이후 인생이 달라진 것으로 보아 생각의 깊이가 얕지는 않았을 것이라고 추측할 수는 있습니다. 그녀는 수천킬로미터에 달하는 힘들고 어려운 길을 이를 악물고 버텨냈습니다. 그녀가 겪은 90일의 기간 역시 우리가 생각할 수 있는 부분이 아닙니다. 혼자 길을 걸으며 그녀는 평범한 세상에서 느낄 수 없는 소중한 것들을 깨달았을 것입니다. 만약 우리가 셰릴처럼 도보여행을 한다면 비슷한 기분을 느껴볼 수 있을까요? 아마 그에 대한 대답은 '해보지 않고서는 모른다' 일 것입니다.

좀 생뚱맞은 이야기일 수도 있겠지만 저는 도서관 역시도 이와 비슷한 경험을 할 수 있는 곳이라 생각합니다. 이곳에서 배울 수 있는 가장 큰 가치는 삶을 사랑하는 자세입니다. 공부에 몰두하는 사람들을 보면 그들이 얼마나 자신의 삶을 멋지게 누리고 싶어 하는 지에 대한 열망을 확인할 수 있습니다. 물론 이들의 삶이 앞서 언급된 셰릴만큼 육체적으로 힘들지는 않습니다. 허나 각자의 목표를 이루기 위해 땀을 흘리고 있는 사람들의 모습은 우리의 마음에 잔잔한 파문을 일으킵니다. 어떤 면에서 보면 도서관이라는 장소는 사람들에게 노력의 가치를 알려주고 긍정적인 바이러스를 전파하는 곳이라는 생각이 듭니다.

최선을 다하는 사람은 아름다운 것을 누릴 자격이 있습니다. 저는 이 글을 읽는 여러분들이 주어진 삶을 사랑하고 이를 어떻게 하면 가장 아름답게 만들 수 있을지 고민했으면 합니다. 그 과정에서 시련은 우리의 마음을 강하게 만들고 삶의 목적을 확고히 다질 수 있는 중요한 촉매제가 됩니다. 시련을 피하지 마시기 바랍니다. 이겨내기만 한다면 시련은 우리에게 큰 복이 됩니다. 다리가 절단되어도 자신이 좋아했던 것을 포

기하지 않았던 휴 허와 끝없는 길을 이를 악물며 걸었던 셰릴 스트레이
드 역시도 그들의 앞에 있는 고난을 극복했기에 이전과 다른 인생을 누
릴 수 있었습니다. 그 가능성은 여러분들에게도 열려있습니다.

# 7
# 올바른 목표는 삶을 바꾼다



## 당신의 목표는 무엇입니까?

우리에게 잘 알려진 위인들의 공통점은 하고 싶어하는 분야가 확고했다는 점입니다. 비록 우리의 인생이 예측대로 흘러가는 것은 아니지만 살면서 이루고 싶은 목표가 있다는 것은 그 사람을 움직이는 원동력이 되죠. 아무리 우수한 사람이라도 삶의 목표를 잃어버린다면 그는 인생에서 큰 힘을 발휘하기 어려울 것입니다. 만일 누군가가 가족을 위해 헌신하며 살았는데 불의의 사고로 (이런 일이 일어나면 안 되지만) 세상을 떠났다면 남아있는 사람의 심정은 어떨까요? 우리는 이런 사례를 주변에서 생각보다 많이 찾아볼 수 있습니다.

여러분들의 목표는 무엇인가요? 아마 다시 한 번 생각해본다면 여러분들의 인생이 더 나은 방향으로 나아갈 수 있지 않을까 생각합니다. 올바른 목표와 꿈을 갖고 인생을 살아가는 사람은 그렇지 않은 사람들에 비해 인생의 몰입도가 높고 성취할 수 있는 것도 많아집니다. 외부의 환경에 대한 영향도 거의 받지 않죠. 묵묵히 자신이 해야 할 일에 집중할 뿐입니다.

특히 요즘처럼 헬조선이니 지옥불반도니 하는 말로 사람들의 마음을 심란하게 하는 어려운 시기에는 개인의 목표와 사명을 지키는 일이 무엇보다도 중요합니다. 우리의 결심을 흔들리게 하는 외부의 요인이 많기 때문입니다. 만약 무언가가 나의 꿈을 이루는데 도움이 되지 못한다면 우리는 이를 멀리할 필요가 있습니다. 목표가 없는 사람들에게는 이런 일이 근본적으로 불가능합니다. 원하는 것이 뭔지도 모르는 상태에서 좋고 나쁜 것을 판단할 수 있는 능력이 없기 때문입니다.

이쯤에서 글의 서두에서 던졌던 질문을 다시 한 번 던져봅니다.

"인생을 살면서 성취하고 싶은 여러분들의 목표는 무엇인가요?"

## 🔍 시민의 불복종

자신만의 확고한 생각을 갖고 이를 실천한 사람 중 저는 헨리 데이빗 소로를 높이 평가하고 싶습니다. 하버드 대학교 학생이라는 명문대학교 스펙을 갖고 있었음에도 좋은 배경을 포기하고 자연에서 살며 간소하고 소박하게 살 것을 주장한 '월든'이라는 작품이 그의 성향을 보여주는 대표적인 사례입니다.

그가 이렇게 할 수 있었던 원인은 자신이 원하는 것을 정확하게 알고 있었다는 점 때문입니다. 문명 생활을 포기하고 자연으로 돌아가려는 결심을 했을 때 많은 사람들이 그를 이상하다고 생각했습니다. 누릴 수 있는 것이 있는데 왜 그런 생활을 하느냐는 것이 그 이유였습니다. 그러나 그는 자신의 생각을 실천했고, 이를 책으로 남겼습니다. 우연의 일치인지는 모르겠지만 요즘 들어 사람들의 마음속에 가장 와닿는 것은 비움입니다. 월든이 사랑받는 이유도 이 때문이 아닐까 생각합니다.

그의 다른 작품인 시민의 불복종에서도 이 사실은 그대로 드러납니다. 그는 이 책을 통해 법이 오히려 양심이 하고 있는 일을 막고 있다고 주장합니다. 법의 비합리성 때문에 사람들이 법을 지키면서도 양심적으로 행동하지 않는 이중적인 행동을 보이고 있다는 것입니다. 이런 그의 생각은 책 속에서 다양한 방식으로 나타나고 있습니다.

"우리는 먼저 인간이어야 하고 그 다음에 국민이어야 한다고 나는 생각한다. 법에 대한 존경심보다는 먼저 정의에 대한 존경심을 기르는 것이 바람직하다. 내가 떠맡을 권리가 있는 나의 유일한 책무는, 어떤 때이고

간에 내가 옳다고 생각하는 일을 행하는 일이다. 단체에는 양심이 없다
는 말이 있는데 그것은 참으로 옳은 말이다. 그러나 양심적인 사람들이
모인 단체는 양심을 가진 단체이다. 법이 사람들을 조금이라도 더 정의
로운 인간으로 만든 적은 없다. 오히려 법에 대한 존경심 때문에 선량한
사람들조차도 매일매일 불의의 하수인이 되고 있다."

—시민의 불복종 중


저는 책에서 그가 말하고자 했던 바가 '국가에서 제정한 법이라고 해
서 모두 옳은 것은 아니다', '자유와 정의를 숭상하고 사람의 마음속에
있는 양심에 따라 행동하라'의 2가지라고 생각합니다. 따지고 보면 세
상에서는 이치에 맞지 않는 일들이 많이 벌어집니다. 역사를 보면 권력
을 가진 사람들은 자신의 이익에 부합하지 않으면 다양한 방법으로 반
대측을 압박했습니다. 그 수단은 자금이 될 수도 있고, 다수의 논리를
앞세운 법적 조치일 수도 있죠. 중요한 것은 이런 상황에서 우리가 어떤
자세를 갖고 인생을 살아야 할 것이냐 입니다. 저는 소로의 의견이 이
글을 읽고 있는 우리의 인생에 대한 방향성을 결정하는데 도움이 되었
으면 합니다. 사실 요즘 같은 시대에 올바른 것을 추구하기란 매우 어려
운 일입니다. 여기저기서 편법이 난무하고 조금만 편하게 마음을 먹으
면 쉽게 성공할 수 있을 것이라는 의견이 지배적입니다. 허나 기본적으
로 사람이 지켜야 할 것까지 버리면서 성공을 쫓아가면 우리의 인생은
큰 의미를 갖지 못할 것입니다.

　실제로 소로의 사상을 추종했던 사람들 중에는 역사에 남을 만큼 멋진 인물들이 많습니다. 가장 대표적인 사람으로 저는 인도의 위인인 마하트마 간디를 들고 싶습니다. 간디는 소로의 영향을 많이 받은 인물로 꼽히는데 실제로 그는 현대 문명에 의존하지 않는 이상적인 공동체를 구축하고자 했습니다. 이 책은 간디뿐만 아니라 마틴 루터 킹에게도 영향을 끼친 것으로 유명합니다. 올바르지 못한 것을 다시 원래의 자리로 되돌려 놓는 일이 중요하다고 생각하는 사람들에게 '시민의 불복종'이라는 책은 많은 화두거리를 던져주었습니다. 그리고 이들은 그 책에서 이야기한 대로 자신의 신념을 굽히지 않았고 결국 역사에 이름을 올릴 수 있었죠.

"당신의 온몸으로 투표하라. 단지 한 조각의 종이가 아니라 당신의 영향력 전부를 던지라. 소수가 무력한 것은 다수에게 다소곳이 순응하고 있을 때이다."

　소로의 이 말은 우리의 가치관을 확고히 하고 이를 사회에서 실현하기 위해 끊임없이 노력해야 한다는 것을 의미합니다. 실제로 우리에게 이름이 알려진 성공한 사람들은 모두 소중하게 생각하는 가치를 마음속에 품고 이를 현실에서 구현하기 위해 많은 노력을 기울였습니다. 우리와 그들이 다른 점은 이것 하나뿐입니다. 그 가치가 있느냐 없느냐에 따라 사람들이 삶을 대하는 자세가 결정되기 때문입니다. 저는 기왕이면 우리가 목표를 갖고 이를 실현하기 위해 앞으로 나가는 사람들이 되었으면 합니다. 그렇게 되어야 우리의 삶이 훨씬 더 의미있기 때문입니다. 의미없는 삶을 사는 것은 우리의 소중한 시간을 허비하는 일입니다. 저는 이런 일이 발생하지 않았으면 합니다. 자신의 삶을 사랑하고 이에 충실하며 소중하다고 생각하는 가치를 위해 노력합시다. 헨리 데이빗 소로가 강조했던 메시지는 바로 이것입니다.

## 보스턴 차 사건의 진실

제가 글을 쓰기 위해 가장 많이 활용하는 장소는 동네의 커피숍입니다. 집필에 필요한 장비를 간단하게 챙긴 후 커피를 시키면 나만의 간이 사무실이 생기기 때문에 동네 커피숍은 이래저래 장점이 많습니다. 오래 있는 것을 싫어하는 사장님에게는 제가 민폐고객이겠지만 다행히 단골로 오랫동안 커피숍 출입을 한 탓인지 얼굴을 기억하고 커피 사이즈를 업그레이드 해주는 사장님이 계셔서 편하게 작업할 수 있다는 점에 감사하고 있습니다. 글을 쓰면서 가끔씩 마시는 커피는 많은 것을 생각나게 합니다. 어떤 방식으로 일을 해야 할지 떠오르기도 하고, 커피를 통해 새로운 글감이 떠오를 때도 있기 때문에 어찌 보면 커피는 제게 정말 소중한 음료입니다. 창작을 위해 하루 30잔 이상의 커피를 마신 발자크의 심정이 조금은 이해가 됩니다.

이렇게 사람들이 많이 마시고 있는 탓인지 커피와 홍차 같은 음료는 사람들의 입에 자주 오르내리는 경우가 많습니다. 사이토 다카시가 쓴 '세계사를 움직이는 다섯 가지 힘'의 초반부에는 커피와 홍차를 통해 사람들의 성향을 유추하는 내용이 나와 있습니다. 그의 의견에 따르면 홍차는 주로 영국에서 휴식을 취할 때 많이 마시고, 커피는 미국에서 사람들이 일을 할 때 마시기 때문에 영국은 휴식과 여유가 강조되고 미국은 효율성과 일에 대한 성과가 강조됩니다. 이 의견에 어떻게 생각하시는지요? 저는 대체적으로 이에 동의하는 편입니다.

이렇게 글의 서두에 커피와 차 이야기를 하는 이유는 지금 이야기할 부분이 차와 관련이 있기 때문입니다. 바로 미국에서 큰 이슈가 된 보스턴 차 사건입니다. 보스턴 차 사건(Boston Tea Party)은 영국의 지나친 세금 징수에 반발한 북아메리카의 식민지 주민들이 아메리카 토착민으로 위장해 1773년 12월 16일 보스턴 항에 정박한 배에 실려 있던 홍차 상자들을 바다에 버린 사건입니다. 우리가 배우는 역사책은 이 사건을 미국 독립 전쟁의 불씨를 일으키는 데 일조한 것으로 기록하고 있습니다.

대개 사람들은 이 사건을 미국인들이 자유와 독립을 쟁취하기 위해 노력한 상징적인 것이라 이해하고 있지만 이는 사실과 약간 다릅니다. 1773년 영국 의회가 통과시킨 일명 홍차법은 무리한 세금을 부과했기 보다는 오히려 가격을 낮춘 법안이었습니다. 이런 조치를 취하게 된 원인은 바로 정식 루트를 통해 수입되는 홍차보다는 네덜란드로부터 밀수되어 들어오는 홍차의 비싼 가격을 규제하기 위한 것이었습니다. 이 법안은 소비자들에게는 좋은 것이었습니다. 기존의 가격보다도 더 저렴하게 홍차를 먹을 수 있었기 때문입니다. 그러나 부유한 사업가들 (밀수로 이득을 챙기고 있던)에게는 큰 타격이었죠. 그렇기 때문에 보스턴 차사건을 일으킨 주체는 북아메리카의 식민지 주민들이라기보다는 부유한 사업가들이 고용한 집단이었을 것이라 보는 역사적인 견해도 있습니다. 법의 내용이 사실이라면 아마 이 주장이 더 설득력이 있을 것이라 생각합니다.

사실 기득권을 누리고 있던 상황에서 모든 것을 빼앗길 경우 사람들이 선택할 수 있는 것은 거의 대부분 극단적인 조치입니다. 수입업자들의 입장을 이해하지 못하는 것은 아니지만 결국 이는 욕심과 관련된 문제였습니다. 앞서 말씀드린 괴짜 경제학의 인센티브 개념도 어찌 보면 이와 유사한 방식으로 구성되어 있습니다. 사람들은 결국 자신의 이익을 위해 움직이는 존재입니다. 다만 그 이익의 방향이 정당한지에 대한 물음은 끊임없이 던져야 할 것입니다. 만약 이렇게 해서 얻은 답이 옳지 않은 것이라면 그 행동은 하지 말아야겠죠.

이는 자신의 욕심을 채우기 위해 부도덕한 방식을 사용한 경우 역사가 어떤 식으로 바뀌는지를 극명하게 보여준 사례입니다. 우리는 올바른 마음을 갖고 인생을 살아가는 일이 얼마나 중요한지 생각해보아야 합니다. 올바른 목표는 삶을 바꿉니다. 우리의 마음속에 어떤 목표를 지니고 있는지 생각해봅시다. 개인적인 차원에서 인생을 허비하지 않기로 결심한 작은 범위의 목표도 좋습니다. 중요한 것은 이들을 마음속에 새기고 지속적으로 자신을 바꾸려는 노력을 해야 한다는 사실입니다. 비록 우리가 세계의 역사를 바꾸는 큰 인물이 되기는 어려울 수도 있지만, 그렇다고 해서 이 사실이 우리의 인생이 의미없다는 사실을 의미하지는 않습니다. 글을 읽으며 자신의 목표를 곰곰이 생각해봅시다. 우리가 변화하는 시점은 바로 그 고민이 시작되는 그때부터 입니다.

# Chapter 2

# 하버드 도서관,
# 노력의 산실

# 1
# 자신만의 지식을 현실에 적용하라



요즘 사람들은 학교에서 배우는 것이 얼마나 쓸모 있을지에 대해 궁금해 합니다. 거의 대부분의 사람들은 학교의 지식이 쓸모없다고 말합니다. 평생 새로운 것을 배워야 하는 우리의 입장에서는 당연한 이야기입니다. 사람들은 새로운 것을 배우는 일보다는 기존에 있는 것을 바탕으로 편하게 지내는 것을 원합니다.

허나 학교의 순기능을 완전히 무시하기도 어렵습니다. 만약 학교가 정말 학생들에게 쓸모없는 지식을 전달한다면 학교는 온전히 살아남기 어려웠을 것입니다. 사실 학교 내에는 학생들의 미래를 진지하게 고민하는 훌륭한 선생님들이 정말 많습니다. 아이들은 이런 선생님을 보며 꿈을 키우고 결국 그 꿈을 현실로 이루어냅니다. 이 사실 하나만으로도 선생님들은 그 역할을 충분히 수행하고 있다 할 수 있습니다.

그럼에도 불구하고 학교가 이런 비판을 받는 이유는 무엇일까요? 원인은 다양하겠지만 가장 큰 것을 얘기해본다면 아무래도 학교에서 배우는 것이 실제 현장에서 활용하기 힘들다는 현재의 환경 때문일 것입니다. 거의 대부분의 학생들이 이런 고충을 토로합니다. 아마 이 글을 읽는 여러분들의 마음도 이와 비슷할 것입니다.

저는 학교에서 공부할 때 우리가 가장 중요하게 생각해야 될 것이 '개인의 학습 능력을 강화하는 것' 이라고 생각합니다. 사람들이 무언가를 습득하는 방식은 저마다 다릅니다. 저는 학교가 학생들이 배울 수 있는 최소한의 것을 제공하는 역할을 해야 한다고 생각합니다. 기본적인 학습역량을 바탕으로 삼되 이후 이 과정은 학생 스스로가 감당해야 하는 것이죠.

사실 누군가가 하버드 같은 명문학교에 다닌다고 해서 그 사람의 지적 수준이 월등히 높은 것은 아닙니다. 대개 명문대에 있는 학생들은 지식을 자신의 것으로 만들기 위한 나름대로의 방법을 갖고 있습니다. 또한 이를 현실의 삶에 응용하는 능력도 뛰어납니다.

재미있는 것은 명문대에 다니는 학생만이 이런 능력을 보유하고 있지는 않는다는 점입니다. 모든 사람은 스스로 뭔가를 깨우치며 자신의 능력을 발전시킬 수 있는 힘이 있습니다. 다만 이런 능력을 먼저 깨우친 사람들의 사례를 통해 우리가 어떤 방식을 택해야 할지 살펴볼 수는 있습니다. 상대적으로 명문대에는 이런 학생들의 수가 많습니다. 우리가 이들을 통해서 무언가를 배우는 방식을 새롭게 확립할 수 있다면 아마 앞으로의 인생에 큰 도움이 될 것입니다.

## 마크 저커버그의 책 사랑

오늘날 같은 최첨단 시대에 가장 필요한 것은 새로운 기술입니다. 컴퓨터와 인터넷이 발달하고 사람들이 쉽게 정보를 접할 수 있게 되면서 이전과는 배움의 방식이 확연하게 달라졌습니다. 예전에는 정말 찾기 어려웠던 지식이 몇 번의 검색으로 손바닥 안으로 쉽게 들어오고, 이를 다른 사람과 공유하는 것도 가능해졌습니다.

이런 사회에서 가장 성공한 인물 중 하나를 꼽자면 페이스북의 창업자인 마크 저커버그(하버드 대학교 중퇴)를 빼놓을 수가 없습니다. 유대인 교육을 받은 수재로 어린 시절부터 프로그래밍에 관심을 가지며 주변을 놀라게 한 인물이죠. 고등학교 재학 중에 인공지능을 사용하여 사용자의 음악 감상 습관을 학습할 수 있도록 고안된 시냅스 미디어 플레이어를 고안한 일화는 매우 잘 알려져 있습니다.

그런데 사람들은 그의 IT적인 측면은 잘 알고 있지만 실제로 그가 어떤 생활을 했는지는 정확하게 알지 못합니다. 고등학교 재학 시절에 서양 고전학에서 우수한 성적을 거두었다는 점이나 영어를 포함하여 프랑스어, 히브리어, 라틴어, 고대 그리스어 등을 쓸 수 있다는 사실은 사람들에게 잘 알려져 있는 편이 아닙니다. 일리야드와 같은 서사시의 구절을 학교 재학시절 자주 인용하는 것으로도 유명했죠.

많은 분들은 이 글을 통해 제가 고전을 읽어야 한다는 말을 할 것이라 생각하겠지만 제가 할 말은 이와는 약간 다릅니다. 저는 저커버그가 고전에 조예가 깊었다거나 고대 그리스어를 공부했기 때문에 뛰어난 역량을 가졌을 것이라고 생각하지 않습니다. 다만 세상을 바라보는 다른 시선을 가졌기 때문에 창의적인 아이디어를 낼 수 있었던 것이죠. 그는 고전을 통해 남들과 다른 생각을 하며 인생을 설계했고 이를 현실로 구현할 프로그래밍이라는 수단이 있었기에 페이스북을 만들 수 있었습니다. 아쉽게도 평범한 사람들은 둘 중 하나가 없습니다. 아이디어가 있다면 구현할 수단이 없거나, 혹은 그 반대의 경우도 있죠.

저는 우리가 무언가를 배울 때 주어진 교육환경에 따라가는 것이 아니라 자신이 궁금해 하는 것을 스스로 찾고 해결할 수 있는 교육 시스템을 만드는 일이 훨씬 더 중요하다고 생각합니다. 이전에 고전 읽기가 크게 유행했었던 이유는 바로 이 때문입니다. 사회적으로 이슈가 되었던 질문에 대해 시대의 석학들이 끊임없이 의문과 해결책을 제시하며 독자들이 깊게 생각할 수 있도록 돕기 때문입니다.

저는 그가 코딩을 시작하게 된 계기도 이와 무관하지 않을 것이라 생각합니다. 무언가를 만들려면 불편함을 느껴야 하고 불편함을 해결하는 과정에서 기존에 없는 것을 만들어 내야 합니다. 그러나 우리의 교육에서는 이런 것들을 가르치지 않습니다. 그저 정해진 코스를 충실히 따를 것만 요구하고 있죠.

왜 우리는 어떤 일을 하는데 정해진 코스가 있다고 생각하는 것일까요? 사람의 장점은 모두 다르고 그렇기 때문에 나갈 수 있는 인생의 종류도 여러 가지입니다. 우리는 이 사실을 인정하고 서로를 존중할 수 있어야 합니다. 우리는 이상적인 삶을 위한 엘리트 코스가 있을 것이라고 생각합니다. 허나 우리가 그런 생각을 하게 된다면 그 길에만 몰입한 채 다른 곳을 둘러볼 수 있는 기회를 잃어버리게 될 것입니다. 이런 사회라면 저커버그와 같은 인재가 살아남기 힘듭니다. 또한 글의 서두에서 제시했던 것처럼 현실 사회와 지식이 서로 균형을 이루지도 못하게 됩니다. 이런 상황은 우리가 바라는 바가 아닙니다.

## 🔍 현실 지향적 지식을 갖추어라

'현실에 적용할 수 없는 지식은 쓸모 없다' 라는 모토하에 철저하게 현실 지향적인 글을 쓰는 작가가 있습니다. 우리나라에서 배신 시리즈로 잘 알려진 바바라 에런라이크입니다. 이 중 '긍정의 배신'은 현대사회를 강타하고 있는 긍정적인 마음가짐을 정면으로 비판한 서적입니다. 국내에서 긍정심리학이 주류로 자리잡았던 그때 시장에 등장한 이 책은 많은 사람들에게 충격을 던져 주었습니다. 또한 그녀는 우리가 배우는 지식이 현실과 얼마나 다른지 정확하게 진단하면서 우리에게 생각할 거리를 제공합니다. 현실을 정확하게 파악하고 이를 해결할 수 있는 방안을 고민해보자는 것이 그녀의 의도입니다.

예를 들어 학교에서 우리는 빈부격차에 관련된 많은 지식을 배웁니다. 또한 경제가 어떤 원리로 움직이는지 또 이런 영향을 받은 사람들의 인생은 어떻게 바뀌는지 등을 배우죠. 문제는 학교에서 배우는 이론과 현실 사이에 심각한 괴리감이 있다는 것입니다. 세상의 원리가 생각하는 대로 돌아간다면 참으로 좋겠지만 따지고 보면 세상은 그렇게 만만하지 않습니다. 하루하루를 치열한 마음을 가지고 생존해야만 하기 때문입니다.

그런 점에서 그녀가 쓴 '노동의 배신'은 매우 좋은 교재입니다. 저자가 직접 저임금 노동직을 체험하고 겪은 내용을 바탕으로 쓰여진 이 책은 가난의 원인이 개인에게 있는 것이 아니라 사회적인 시스템 속에 있다고 주장합니다. 만약 그녀가 이러한 직업을 체험하지 못한 상태에서 글을 썼다면 사람들은 쉬이 공감하기 어려웠을 것입니다. 그러나 그녀가 생활비가 없어 전전긍긍하는 모습이나 몸이 아픈데도 비싼 병원비를 지불해야 할지 고민하는 장면을 보면서 독자의 머릿속에는 많은 생각이 펼쳐집니다. 요즘에 벌어지고 있는 청년실업 문제를 단순히 노력하지 않았기 때문이라고 생각하는 사람들에게 이 책을 권하고 싶습니다.

현실에 반영되지 못하는 지식은 우리에게 아무런 소용이 없습니다. 지금까지 우리가 익힌 지식이 쓸모있는 것인지 다시 한 번 확인해 보시기 바랍니다. 그렇지 않으면 사람들이 말하는 헛똑똑이 될 가능성이 높습니다. 우리가 공부를 하는 이유는 간단합니다. 공부로 익힌 지식이 사회나 다른 사람들에게 도움이 되도록 만들기 위해서 입니다.

사실 도서관에서만 공부한 사람은 현실적인 감각이 많이 떨어지는 편입니다. 그들이 만약 공부를 하는 목적을 다시 한 번 생각해 보지 않는다면 십중팔구 사회에서 지금까지 배운 지식을 제대로 활용할 수 없을 것입니다. 공부를 잘 하는 것만 가지고 인생의 길이 열릴 것이라고 생각한다면 이는 큰 착각입니다. 공부가 모든 것을 해결하는 만능열쇠는 아닙니다. 성공한 사람은 모두 자신이 배운 것을 어떤 방식이든 효율적으로 활용하는 법을 알고 있습니다. 단순히 무언가를 받아들여서 외우고 자신의 것으로 만드는 것 이외의 뭔가를 더했다는 뜻입니다.

사실 하버드 대학교 출신이라고 해서 모두가 현명한 삶을 사는 것은 아닙니다. 하버드라는 이름을 활용하여 나쁜짓을 하는 사람도 있고, 생각만큼 똑똑하지 못한 경우도 많이 발견됩니다. 그렇기 때문에 저는 명문대학교 내에서도 모든 사람의 존경을 받을 만한 사람들의 사례를 우리가 따로 학습해야 한다고 생각합니다. 우리가 모든 사람들로부터 무언가를 배울 수 있다고 가정했을 때, 기왕이면 훌륭한 사람, 좋은 사람을 통해서 우리의 인생을 바꿔야 합니다.

삼국지의 군사 제갈공명은 유비의 뒤를 따르기 전까지 융중이라는 시골마을에 살고 있던 일개 서생에 지나지 않았습니다. 책만 읽던 서생이 갑자기 세상에 등장하여 천하를 위시하는 계책을 내놓는다는 건 상식적으로 말이 되지 않습니다. 이는 그가 오랫동안 자신의 생각을 현실에서 이뤄낼 수 있는 방안을 고민했다는 사실을 반증하는 지표입니다.

# 2
# 노력은 배신하지 않는다



전쟁은 사람들의 마음을 황폐하게 하기도 하지만 사람들의 의지와 잠재력을 격발시키는 촉매제가 되기도 합니다. 고대 중국의 국가 중 오나라의 왕이었던 합려로 인해 시작된 이야기가 이를 가장 잘 보여주는 사례입니다. 오왕 합려는 월나라의 구천을 공격하다가 결국 대패하고 세상을 떠났습니다. 이에 아들 부차가 복수를 결심하게 됩니다. 그때의 원통함을 잊지 않기 위해 가시가 많은 장작에 매일같이 자리를 펴고 잠을 청했습니다. 이후 그는 복수에 성공합니다.

반대로 부차로 인해 굴욕을 겪은 구천의 마음은 갈기갈기 찢어졌습니다. 그는 오나라에서 겪은 치욕을 잊지 않기 위해 날마다 쓴 쓸개를 핥

아먹으며 복수를 다짐했고 결국 성공을 거둡니다. 이 이야기는 장작에 몸을 누이고 쓸개를 맛본다는 뜻의 '와신상담'이라는 사자성어로 우리에게 전해지고 있습니다.

우리는 이 사례를 통해 마음을 다잡고 열심히 노력하는 일이 얼마나 중요한지 깨달을 수 있습니다. 이야기의 주인공이 개인적 원한을 가졌다는 것이 좀 다른 점이긴 하지만, 결국 목적을 달성하기 위해서는 뼈를 깎는 노력이 수반되어야만 합니다. 열심히 하지 않으면서 이익을 기대하는 태도는 처음에는 좋을지 모르나 나중에는 반드시 손해를 볼 수밖에 없습니다. 우리는 이런 삶을 살면 안 됩니다.

장작더미 위에서 자거나 쓸개즙을 먹는 행위는 어찌 보면 바보 같은 행동일 수도 있습니다. 그러나 저는 이런 행동을 통해서 열심히 하려는 동기를 받았다는 점에서 만큼은 그들의 노력을 높이 사고 싶습니다. 우리는 우리에게 주어진 인생을 최선을 다해서 잘 살아내야 합니다. 비록 노력하는 것만으로 성공이 보장되는 것은 아니지만 모든 사람에게 주어진 시간이라는 자원을 낭비하는 일은 우리에게도 주변에게도 결코 좋은 일이 아닙니다.

### 🔍 나나의 네버엔딩 스토리

그런 점에서 미스코리아 출신으로 하버드에 진학한 금나나 양의 이야기는 우리에게 시사하는 바가 많습니다. 경북대학교 의대 재학 중 미스 코리아 대회에 출전하여 진의 자리에 오른 뒤 돌연 미국 유학행을 택한 것만 보아도 뭔가 이야기할 것이 많다는 기대감이 생깁니다. 그렇다면 그녀는 학교에서 어떤 방식으로 공부했을까요? 다음에 나올 짧은 한마 디가 그녀의 마음을 가장 잘 대변해주고 있습니다.

"공부할 때 자존심 따위는 팽개쳐야 했다."

그녀는 이 말처럼 자존심을 팽개치고 지독하게 공부했습니다. 학업 스트레스로 치아가 죽어가고 있다는 판단을 받았는데도 불구하고 자신 이 해야만 하는 공부에 몰입했던 것입니다. 공부에 방해가 될까봐 연애 까지 포기하는 모습은 그녀의 마음이 얼마나 굳건한지를 보여주는 상징 적인 지표입니다. 그녀는 공부를 개인의 가능성을 높이는 수단으로 생 각했습니다. 미래를 알지 못하는 만큼 자신이 손해를 본다고 생각했기 때문입니다.

"꿈이란 자신이 알고 있는 정보와 지식의 테두리 내에서 만들어지기 때 문에 아는 것이 많아지고 사고가 넓어지게 되면 당연히 바뀔 수 있다."

사실 어떠한 일을 진행하다보면 자신이 원하는 바를 100% 달성할 수 없을 때가 많습니다. 이는 공부를 포함한 모든 영역에서 적용됩니다. 과정 중에 예상치 못한 무언가가 나와서 일을 방해할 수도 있고, 내가 이 일에 100% 집중할 수 없도록 주변 상황이 여의치 않을 때도 있기 때문입니다. 그럴 경우에 우리는 다른 계획을 세워서 이 문제를 해결해야 합니다. 때로는 이렇게 세운 계획, 즉 플랜B가 더 좋은 성과를 내는 경우도 있죠.

그러나 이런 기회는 모든 사람에게 주어지는 것이 아닙니다. 노력하지 않는 사람에게는 새로운 기회가 주어지지 않습니다. 기회를 많이 얻기 위해서는 치열하게 노력해야 합니다. 새로운 계획 역시도 쉽게 생겨나지 않습니다. 모든 가능성을 생각하고 이를 해결할 수 있는 이상적인 방안을 계속해서 고민해야 하기 때문입니다. 당연히 이렇게 세운 계획은 이전의 것보다 더 치밀해집니다. 성공 가능성도 높아지죠. 이를 가능하게 하는 것은 노력과 이를 현실에 옮기려는 다양한 시도입니다. 그녀는 이런 방식을 역사를 공부할 때도 적용시켰습니다. 기본적인 내용을 바탕으로 끊임없이 생각하여 부족한 것을 채우는 전략을 쓴 것입니다. 사실 역사뿐 아니라 우리 주변의 모든 영역에서도 이런 태도는 꼭 필요합니다.

"하버드에서 배운 역사는 '팩트란 존재하지 않는다' 는 사고에서 출발했다. 역사는 반드시 누군가의 ―주로 권력자― 주관적 인식에 의해 덧씌워져 기록되기 때문에 과거 그 시점에 실제로 무슨 일이 일어났는지 파악하기란 거의 불가능하다. 따라서 역사를 바르게 이해하기 위해서는 이러한 덧씌워진 역사를 잘 분석하여 최대한 팩트에 가깝게 재해석해야 한다."

현재 그녀는 하버드 대학교에서 영양학, 박사학위를 취득하고 이와 관련된 연구소에서 자신이 원하는 일을 하고 있습니다. 미스코리아에 출전해 다이어트를 하며 음식에 관심이 많아진 탓입니다. 그녀는 언론사의 인터뷰를 통해 자신의 입장을 다음과 같이 밝혔습니다.

"우리가 먹는 것들이 우리가 생각하는 것과 건강에 많은 연관성이 있구나라는 걸 체험을 했다. 그런 거에 대해서 공부를 좀 하고 싶었다"

자신이 원하는 것을 명확하게 아는 사람은 이 목표를 달성하기 위해 치열하게 노력합니다. 우리는 이들을 통해 이와 같은 자세를 배워야 합니다. 성공한 사람들 중 놀고먹으며 편하게 지낸 사람들은 없습니다. 그들과 같이 성공하고 싶으면서 아무것도 하지 않으려는 자세는 이기적입니다. 저는 우리가 명문대학교 학생들(이 책에서는 주로 하버드)이 공통적으로 지닌 치열함을 배웠으면 합니다. 그것이 굳이 공부가 아니어도 괜찮습니다. 자신의 인생을 쉽게 생각하지 않고 최고의 결과를 만들어내기 위해 노력하는 것이야 말로 신이 우리에게 허락한 특권이 아닐까 생각합니다.

## 🔍 멤버 교체는 없다

여기 노력의 위대함을 보여주는 한 음악인의 사례가 있습니다. 1980년에 데뷔하여 성공적인 인생을 누리고 있던 밴드의 드러머 R, 900만장 이상의 앨범을 판매하며 부와 명예를 동시에 거머쥔 그는 마이클 잭슨이 부럽지 않은 슈퍼밴드의 일원이었습니다. 더 이상 부러울 것이 없었죠.

그러던 그에게 어느 날 시련이 찾아왔습니다. 교통사고를 당해 한쪽 팔이 절단된 것입니다. 스틱을 잡고 드럼을 쳐야 하는 사람에게 한쪽 팔이 없다는 것은 엄청난 핸디캡으로 작용합니다. 이정도 상황이 되면 드러머로 활동하기란 거의 불가능하다고 할 수 있습니다. 신문에서도 모두 이 소식을 부정적으로 다루었습니다. 그의 인생은 끝났고 더 이상 음악 활동을 할 수 없다는 것이 사람들 사이의 공통적인 의견이었습니다.

그런데 멤버들의 반응은 대중과 전혀 반대였습니다. R 역시 멤버들과 같은 마음이었습니다. 그들은 팀의 멤버교체가 없다는 사실을 대중들에게 전하고 실의에 빠진 드러머의 재활을 도왔습니다. R 역시 6개월 동안 요양을 해야 한다는 의사의 말을 무시하고 퇴원한지 한 달도 되지 않아 드럼 연습을 시작했습니다. 그러나 한 팔이 없는 상태에서 드럼을 연주하기란 쉬운 일이 아니었습니다.

이를 안타깝게 생각하던 팀 동료들은 그에게 페달을 개조한 특수 드럼 키트를 선물했습니다. 개조된 페달은 그의 잃어버린 팔을 대신할 소중한 도구였습니다. 선물을 받은 그는 동료들 앞에서 뜨거운 눈물을 흘렸고 더 열정적으로 연습에 몰입했습니다. 그리고 3년 후에 Hysteria라는 새 노래를 발표합니다. 원래는 84년도에 나와야 할 앨범이었지만 사고로 인해 발매가 3년 미뤄진 것이죠.

첫 라이브 무대를 본 대중들의 반응은 열광적이었습니다. 그들은 사고를 당한 드러머가 아직 밴드에 남아 있다는 사실에 의문을 가졌으나 공연을 보고 난 뒤에는 그 마음이 180도 바뀌었습니다. 대중들은 역경을 딛고 일어선 그에게 열화와 같은 지지를 보내왔습니다.

이러한 인기가 반영된 탓인지 Hysteria는 발매 첫 주 앨범차트 1위에 올랐고 1년 간 10위 아래로 떨어지지 않는 저력을 보여주었습니다. 또한 전 세계적으로 1500만장이 넘는 판매기록을 세우며 밴드의 역사를 새로 쓰게 되었죠. 이 드러머의 정체는 락밴드 데프 레퍼드의 릭 앨런입니다.

저는 이 사례를 통해서 한 사람의 노력이 주변을 어떻게 바꿀 수 있는지에 대해 깊이 있게 생각해 볼 수 있었습니다. 그는 비록 팔은 없었지만 팀원들의 마음을 바꾸고 그들의 음악을 듣는 대중들의 마음을 움직였습니다. 열정은 다른 사람을 쉽게 전염시킵니다. 저는 이 글을 읽는 여러분들이 릭이 마음속에 품은 인생관을 배웠으면 합니다. 우리는 이를 그가 한 인터뷰에서 확인할 수 있습니다. 경험에서 비롯되어 우리의 마음을 따뜻하게 해주는 아주 좋은 문구이므로 꼭 기억했으면 합니다.

"어려움을 겪어보지 않은 사람은 인간이 얼마나 강한 존재인지 모릅니다."

_릭 앨런

# 3
# 보이지 않는 노력도 있다



## 기업의 생존 전략, 끊임없는 연구개발

세계에서 가장 큰 전기기구 제조회사를 언급할 때 우리가 빼놓을 수 없는 곳은 바로 제너럴 일렉트릭(GE) 사입니다. 이 회사를 만든 창업자는 우리도 잘 알고 있는 발명왕 에디슨입니다. 자신의 실험결과를 꼼꼼하게 메모하고 열정적으로 연구에 몰입했던 그의 모습을 통해 많은 사람들의 인생이 바뀌었습니다. 전구를 만들기 위해 수천 번의 실패를 한 일화는 도전의 중요성을 강조하는데 빠지지 않는 이야기 중 하나입니다.

그런데 우리는 이 회사의 공동 창업자인 엘리후 톰슨(하버드 과학박사 명예학위)에 관해서는 상대적으로 아는 바가 적습니다. 그 역시 에디슨과 마찬가지로 혼신의 힘을 다해 연구를 진행한 과학자입니다. 일생 동안 700여 개의 특허를 획득할 정도로 새로운 것을 만들어내는데 열정을 보였죠. 그의 주요 발명품으로는 X선 사진 촬영법 및 전기 용접·고주파와 관련된 장비 등을 들 수 있습니다.

제가 에디슨보다 엘리후 톰슨을 대화의 주제로 삼는 이유는 간단합니다. 우리의 능력을 발전시키기 위해 다른 사람이 알아채지 못하도록 보이지 않는 노력을 많이 기울여야 하기 때문입니다. 이는 엘리후 톰슨이 제너럴 일렉트릭(GE) 외부에서 에디슨보다 상대적으로 덜 알려진 것과 상당부분 유사합니다(이는 어디까지나 에디슨과 비교했을 때를 기준으로 삼은 것입니다. 실제 엘리후 톰슨은 유명 인사입니다).

저는 엘리후 톰슨이 강조했던 연구개발과 혁신에 대한 철학을 우리가 배워야 한다고 생각합니다. 그는 기업의 생존 요소로 끊임없는 연구개발을 언급했습니다. 새로운 이론을 상업적으로 적용하고 혹 이게 불가능했을 때는 새로운 이론이라도 발견할 수 있는 연구개발팀이 있어야 한다고 강조했던 것이죠.

사실 연구개발부서를 어떻게 생각하느냐에 따라 기업의 역량이 달라질만큼, 끊임없는 혁신은 생존에 있어 매우 중요한 요소입니다. 새로운 분야를 찾고 기존의 것을 더 나은 방향으로 개선시키기 위한 연구와 실험이 없다면, 새로운 기술을 개발해내는 다른 기업에 자신의 자리를 위협받을 것입니다. 문제는 기업이 이렇게 들이는 노력과 시간에 일반 대중들은 별 관심이 없다는 점입니다. 그냥 새로운 제품이 나오면 그것을 구매해서 사용할 뿐입니다. 만약 이 때 제품이 좋지 않다면 이는 시장에서 바로 잊혀집니다.

저는 이 원리가 사람에게도 동일하게 적용될 수 있다고 생각합니다. 기업이 생존하기 위해서 신제품을 개발하고 기존의 것을 계속 유지보완하는 과정을 겪는다면 사람 역시도 같은 방식으로 자신을 발전시켜야만 합니다. 한 번 익힌 지식은 영원히 사용할 수 없습니다. 내가 익힌 기술이 평생 먹고 살 수 있는 밥벌이가 될 수 있을 것이란 보장은 없습니다. 그렇기 때문에 우리는 항상 주위를 살피고 내가 앞으로 어떤 것을 할 수 있는지를 생각해야 하죠. 문제는 이런 노력이 쓸모없다고 생각될 수밖에 없는 주변의 환경입니다. 세상이 빠르게 변한다고 사람들이 말하지만 우리는 사실 이런 변화를 쉽게 체감하지 못합니다. 시간이 지나면 '어, 언제 세상이 이렇게 많이 바뀌었지?' 라고 반문하는 경우가 많죠. 그렇기 때문에 미래를 보는 눈을 기르는 일은 무엇보다도 중요합니다. 대개 이런 노력은 눈에 보이지 않죠.

비록 다른 사람들이 이러한 노력을 알아주지 않는다 할지라도 우리는 자신을 개발하는 일을 게을리 하지 말아야 합니다. 다른 사람이 알아주지 않는 노력이라고 해서 우리에게 의미가 없는 것은 아닙니다. 비록 이 노력은 숨겨져 있지만 그렇기 때문에 더 큰 가치가 있습니다. 더 쉽게 다른 사람들보다 앞에 설 수 있다는 장점이 있기 때문입니다.

대개 평범한 사람들은 멋진 몸매를 가진 이들을 부러워합니다. 그들의 다리 길이, 그들의 근육, 그들의 허리 사이즈 등 모든 것들이 그 대상이 되죠. 하지만 우리는 그들이 얼마나 많은 시간동안 땀을 흘리며 운동했는지는 별로 알고 싶어하지 않습니다. 몸이 좋으니 부러워하지만 같은 노력을 하기 싫어하는 사람들의 좋지 않은 심리가 반영된 탓이라 할 수 있습니다. 그들은 보이지 않는 곳에서 남들보다 더 많은 땀을 흘리며 자신을 단련했습니다. 그 결과가 좋은 몸으로 나온 것임에도 사람들은 노력하지 않고 멋진 몸만 생기길 원하고 있습니다. 안타까운 일입니다.

## 우리가 모르는 근육 이야기

우리의 몸은 수많은 뼈와 근육으로 이루어져 있습니다. 이 모두는 각자 나름대로의 역할을 수행합니다. 우리가 중요하게 생각하지 않는 근육이라 할지라도 그 역할을 자세히 분석해보면 의외로 중요한 경우도 많이 발견됩니다.

특히 허벅지 뒤쪽에 자리잡은 햄스트링 근육이 약화되면 요통의 원인이 되기도 합니다. 왜 다리에 있는 근육이 허리에 영향을 미치는 것일까요? 이는 햄스트링 근육의 역할 때문입니다. 이 근육은 단순히 다리와 관련되어 있는 것이 아니라 움직일 때 골반과 허리를 받쳐주는 중요한 역할을 담당합니다. 대개 사람들은 햄스트링을 운동선수들이 경기 중에 많이 다치는 근육으로 알고 있지만 일반인들에게도 햄스트링 근육의 손상은 쉽게 올 수 있습니다. 특히 하루의 대부분을 앉아서 보내는 직장인들에게 이런 증상이 나타날 가능성이 높습니다.

이처럼 삶 역시 우리가 인식하지 못하는 누군가의 도움으로 변화할 가능성이 있습니다. 지금 이 글을 읽고 있는 우리 역시 수많은 사람들의 도움으로 이 자리에 설 수 있었습니다. 단순히 내 노력만으로 모든 것이 이루어지지는 않습니다. 우리 주변의 삶은 생각보다 복잡합니다. 이에 대한 원리를 이해하고 삶에 적용시키려는 노력은 우리 사회에서 정말 중요합니다. 겉으로 보이는 것만으로 사건이나 현상을 판단해서는 안 됩니다. 어떤 사람이 뛰어난 능력을 갖고 있다고 가정해봅시다. 우리는 이를 통해 많은 것을 고민할 수 있습니다. '그 사람이 어떻게 해서 이런 뛰어난 능력을 갖게 되었는지? 그 사람에게 힘든 일은 없었는지? 왜 지금 이곳에서 이런 일을 하고 있는 것인지?' 와 같은 질문을 통해 우리는 평범한 사람보다 더 많은 것을 볼 수 있습니다. 보이지 않는 노력을 볼 수 있는 방법은 주어진 현상에 의문을 갖고 이에 대한 해결책을 찾으려 고민하는 것입니다. 이를 통해 개인의 사고력이 향상됩니다. 능력 향상 역시 자연스럽게 이뤄지게 되겠죠.

주변을 살펴보면 자신의 인생을 깊게 생각하지 않는 사람들이 많습니다. 저는 이런 현상이 단순히 이들만의 잘못은 아니라고 생각합니다. 아무리 노력해도 어쩔 수 없는 상황을 많이 경험하게 되면 이런 생각을 갖는 건 어찌 보면 당연합니다. 변화를 할 수 있는 최소한의 동력조차도 갖지 못하는 경우도 많죠. 고민도 사치라는 말이 이래서 나오는 것이 아닌가 합니다. 아마 이런 상황은 어려워져만 가는 요즘 청년 세대에게 적합하지 않을까 생각합니다. '노오력'이라는 자조 섞인 말이 나오는 지금의 사태에서 노력은 이들의 분노에 불을 지피는 말일 것입니다. 그렇기 때문에 저는 우리가 무작정 에너지를 쓰며 노력하는 것 보다는 주변을 살피고 내 환경을 좋게 만들기 위해 노력해야 한다고 생각합니다. 내가 겪을 수 있는 최악의 시나리오를 상정하고 이를 받아들인 뒤 최악의 상황을 피하는 것이죠.

이는 도서관에서도 그대로 적용됩니다. 도서관에서 성공하는 사람들은 자신이 갖고 있는 장점을 최대한 발휘하여 이를 결과에 적용할 수 있는 능력을 지녔습니다. 전혀 다른 것을 하나의 논리로 모으기도 하고, 기존의 것을 바탕으로 완전히 새로운 것을 만들어내기도 합니다. 단순히 주어진 것을 외우는 것과는 차원이 다른 고민을 하는 것이죠.

운이 좋은 것인지 저 역시도 비슷한 경험을 하였습니다. 졸업 논문(저는 인문계열 학과를 졸업했습니다)을 쓰기 위해 도서관에서 정말 열심히 자료를 찾고 있을 때 주제를 정하기 어려웠던 적이 있었습니다. 머리를 식히기 위해 소설책을 집어들다가 논문의 진도가 나가지 않는 상황에 대해 자책하며 기독교나 불교 신자가 기도하는 모습을 떠올렸습니다. 재미있는 것은 제가 이 생각을 하자마자 졸업 논문의 주제가 떠올랐다는 것입니다. 이는 제가 읽고 있던 책(소설)과 신화와의 상관관계였습니다. 이후 저는 주제와 관련된 자료를 찾아 졸업논문을 무사히 잘 쓸 수 있었습니다.

물론 도서관에서만 이런 경험을 할 수 있는 것은 아닙니다. 제가 말씀드리고 싶은 것은 이렇게 주변 상황을 생각하며 무언가를 만들어 내기 위해 고민한다면 전혀 다른 것을 통해 문제를 해결할 수도 있다는 사실입니다. 내가 중요하지 않다고 생각했던 요소가 결국 문제를 해결하는 핵심 역량으로 자리잡게 되는 것이죠. 저는 그렇기 때문에 우리가 했던 경험 중 쓸모없는 일은 없다고 생각합니다. 나 자신을 이루는 것들이니만큼 우리는 이를 사랑해야 합니다. 또한 이를 자신의 장점으로 만들 수 있어야 하죠. 족집게 과외나 코칭으로는 절대로 해결할 수 없는 부분이 아닐까 합니다. 보이지 않는 것을 볼 수 있는 통찰력이 필요한 시점입니다. 저는 이런 것들이 보이지 않는 노력을 지칭하는 대표적인 사례가 될 수 있다고 생각합니다.

# 4
# 단순한 일상은 사람을 바보로 만든다



성공하기 위해선 열정을 갖고 자신의 목표를 이루기 위해 끊임없이 노력해야 합니다. 스스로의 능력이 완전하지 않은 상태에서 성공을 바라는 것은 옳지 않습니다. 혹 운이 좋아 성공했다 할지라도 그런 성공은 오래가지 않습니다. 처음부터 완벽한 능력을 가지고 태어나는 사람은 없습니다. 자신의 능력을 완벽하게 하기 위해서 우리에게 필요한 것이 바로 노력입니다.

만약 누군가가 노력하지 않고도 좋은 성과를 낼 수 있다면 삶을 열심히 사는 사람들은 그다지 큰 의욕을 느끼지 못할 것입니다. 노력해도 소용없다는 것을 알았으니 이는 어찌 보면 당연한 일입니다. 허나 세상은 노력하는 사람들을 저버리지 않습니다. 성공한 사람들을 잘 살펴봅시다. 그들이 윤리적인지 아닌지에 대해서는 의견이 분분할 수 있지만 적어도 그들은 자신이 처한 환경 속에서 살아남기 위해 많은 노력을 기울였습니다. 그렇지 않았다면 지금까지 그들이 그와 같은 영향력을 행사할 수 없었을 것입니다. 능력이 되지 않는다면 사람들의 기억에서 쉽게 사라지기 때문입니다. 노력하지 않으면 세상에서 살아남을 수 없습니다.

다만 우리가 어떤 방식으로 노력해야 하는지 생각해 보아야 할 필요성은 분명히 있습니다. 똑같은 시간을 들여서 노력했는데 누구는 성과가 뛰어나고 누구는 바닥을 치고 있다면 분명히 그 두 사람 간에는 차이점이 있을 것입니다. 그 방법을 알아낼 수 있다면 우리는 헛된 노력을 하지 않아도 될 것입니다. 우리가 쓸데없는 일에 에너지를 낭비하지 않고 최대한 효율적으로 움직인다면 훨씬 더 뛰어난 성과를 낼 수 있을 것입니다. 만약 그렇게 하지 못한다면 아마 우리는 오랫동안 방황 할지도 모릅니다.

## 🔍 토끼는 어디로 달리는가?

존 업다이크(하버드 영문학)가 집필한 '달려라 토끼'는 권태와 고독에 가득 찬 도회생활 속에 반복되는 인간의 잡다한 행동에 아무런 충족감을 느끼지 못하는 젊은이를 그리고 있습니다. 미국의 시인이자 소설가인 업다이크는 10대때부터 소설을 쓰기 시작하여 하버드 대학시절에는 이미

서너 편의 장편을 쓴 능력있는 작가입니다. 화가가 되려고 옥스퍼드에 진학했다 귀국한 뒤 잡지의 편집을 맡으면서 작품활동을 지속했죠.

달려라 토끼의 주인공은 세일즈를 하면서 사는 중산층 20대인 해리 앵스트롬입니다. 그의 생활은 썩 좋지 않습니다. 임신을 했는데도 TV와 알코올을 사랑하는 부인, 촉망받았던 농구선수에서 지금의 일을 할 수밖에 없었던 안타까운 상황들이 겹치며 자존심에 상처를 입었기 때문입니다. 해리는 가출을 밥먹듯이 하고, 정조관념이 없는 여인을 만나 외도를 하는 과정을 반복합니다. 마을의 목사님과 주위의 권유로 원래의 생활을 찾는 것 같다가도 다시 방탕한 생활을 이어가는 모습을 보면 독자인 제가 울화통이 터질 정도입니다. 전체적으로 이야기는 즐겁다기보다는 상당히 우울한 형식으로 진행됩니다.

그가 이 책을 통해 말하고자 했던 바는 무엇일까요? 사실 우울한 모습만을 지켜보기 위해서 책을 읽는 것은 상당한 시간낭비입니다. 저자인 업다이크 역시도 우리가 이런 마음을 갖는 건 원하지 않았을 것입니다. 저는 그가 말하고자 했던 중심내용이 다음의 문장에 잘 녹아 있다고 생각합니다.

"옳으냐 그르냐는 하늘에서 뚝 떨어지는 게 아니야. 우리 …… 우리가 만드는 거야. 불행을 막기 위해. 변함없이. 해리 변함없이 …… 불행은 그것을 따르지 않는데서 나와. 우리 자신의 불행은 아니지. 처음에는 우리 자신의 불행이 아닌 경우가 많아. 그런데 너도 너 자신의 인생에서 그러한 예를 하나 본 거야."

저는 이 책을 읽으면서 이야기 속의 인물들이 왜 이렇게 무기력하게 사는 것인지 생각해보았습니다. 사람마다 의견은 다를 수 있겠지만 저는 그 원인으로 이야기 속 인물들이 노력하는 방법을 몰랐기 때문이 아닐까 하는 점을 이야기하고 싶습니다. 세상이 스스로가 의도하는 대로 돌아가지 않고 있는데다 무언가를 하려고 하면 잘 되지 않는 환경에서 그들이 느끼는 자괴감은 매우 컸을 것입니다. 어쩌면 노력을 하려는 시도조차 힘들었을지도 모르죠. 책을 읽고 있노라면 그들의 상황도 충분히 이해가 됩니다.

요즘같이 각박한 세상에서는 성과 없는 노력은 큰 의미가 없습니다. 비록 이 과정을 통해 시행착오를 겪으며 발전 가능성을 높였을 수는 있지만 만일 그 시행착오를 겪지 않아도 되었을 경우에는 손해라고 생각하기 때문입니다. 그 사람이 얼마나 열심히 무언가를 했는지와는 전혀 상관이 없죠. 어찌 보면 이는 냉정한 이야기일 수도 있지만 세상의 법칙은 잔인하게도 이런 방식으로 움직이고 있습니다. 사실 사람들의 노력을 알아주지 않는 세상이 각박하게 느껴질 수도 있지만 이는 오늘날과 같은 사회에서는 어느 정도 인식하고 가야할 것 같습니다. 참 슬픈 일입니다. 개인적으로 저는 성과주의를 지양하고 개인을 존중하는 환경이 마련되었으면 합니다. 장기적인 관점에서 보았을 때는 이 방법이 훨씬 더 우리에게 도움이 되기 때문입니다.

달려라 토끼에서 나오는 내용과 마찬가지로 우리들의 인생은 항상 좋은 방향으로 흘러가지 않습니다. 하지만 이런 상황에서 우리가 넋 놓고 있는다면 상황은 지금보다 훨씬 악화될 것입니다. 자신의 능력을 발전시키고 지금 상황을 보다 좋게 만들 수 있는 방안을 찾아 움직여야 합니다. 움직이는 사람은 인생을 스스로 개척할 수 있습니다. 하지만 아무것도 하지 않고 가만히 있는다면 다른 사람이 만들어놓은 파도에 휩쓸려 큰 곤경에 빠질 수도 있습니다. 저는 달려라 토끼의 저자인 업다이크가 말하려고 했던 내용이 바로 이것이라고 생각합니다. 항상 자신의 위치와 주변상황을 생각하고 더 나은 자신을 만들기 위해 노력합시다. 그게 우리의 가치를 높이는 방법입니다.

### 🔍 I'm fine, thank you. And you?

오늘날 우리사회에서 영어는 꼭 필요한 능력입니다. 영어를 잘 하지 못하면 입사시에도 불이익을 받고, 승진에도 걸림돌이 됩니다. 게다가 회사나 사회에서 요구하는 기본적인 영어능력의 수준은 매우 높은 편입니다. 시중에 이들을 겨냥한 책이 많이 나오는 편이지만 맘에 드는 것을 발견하기란 여간 어려운 일이 아닙니다. 그렇기 때문에 사람들은 고민

이 많습니다. 어떤 방식을 선택해야 그들에게 가장 효과적인지 모르기 때문입니다

어떤 분야에서 전문가가 되기 위해 우리가 선택할 수 있는 가장 안전한 방법은 그 분야의 대가들이 어떤 방법을 선택했는지 알아보는 것입니다. 그리고 그들 중에서 공통적인 요소를 찾아 자신에게 유익한 방식으로 적용하면 되는 것이죠. 대개 영어전문가들이 말하는 이상적인 방법은 낭독과 반복훈련입니다. 시간을 투자하여 오랜 시간 동안 꾸준히 연습한다면 누구나 영어 전문가가 될 수 있다고 그들은 말합니다.

하지만 저는 이 말을 액면 그대로 받아들여서는 안 된다고 생각합니다. 단순히 낭독 훈련을 많이 한다고 해서 영어실력이 올라갈까요? 만약 누군가가 영어를 열심히 연습하기로 마음먹고 'I'm fine. Thank you. And you? (나는 괜찮아, 고마워. 너는 어떠니?)' 라는 문장을 삼년 동안 열심히 연습했다고 가정해 봅시다. 이 친구의 영어 실력은 어느 정도까지 향상될 수 있을까요?

결론만 말해 보자면 그의 영어능력은 그다지 향상되지 않았을 것입니다. 연습했던 하나의 문장에 한해서는 외국인과 똑같은 발음으로 유창하게 할 수 있을지 모르겠지만 그 밖의 다른 상황에서 어떤 방식으로 응대해야 하는지는 알지 못하기 때문입니다. 앞으로 그는 이전과는 다른

방식을 활용하여 외국어 능력을 향상시켜야 할 것입니다.

그렇기 때문에 저는 공부하는 사람이 다른 사람의 말만을 백퍼센트 신뢰하고 따라하는 것을 그다지 긍정적으로 생각하지 않습니다. 열심히 노력했다 할지라도 그것이 자신에게 이상적으로 맞춰져 있지 않다면 그 노력은 나에게 큰 도움이 되지 않습니다. 재미있는 것은 주변을 둘러보면 이런 방식으로 자신의 에너지를 사용하는 사람들이 참 많다는 사실입니다. 효율적인 측면에서만 바라보아도 이는 옳지 않습니다.

우리의 노력이 제대로 인정을 받으려면 먼저 노력을 기울이는 방향과 세부적인 전략이 확실하게 정해져야만 합니다. 그렇지 않으면 우리의 에너지는 다른 사람을 위해 쓰여지게 됩니다. 노력이 성과를 낸다는 사실은 누구도 부인할 수 없습니다. 허나 그 가운데서 누군가가 손해를 보게 된다면 그것만큼 맥 빠지는 일은 없을 것입니다. 그런 상황이 우리에게 발생하지 않으리란 법은 없습니다. 인생을 통해 얻고 싶은 것을 명확하게 결정하시기 바랍니다. 그리고 이 목표를 달성할 수 있는 가장 효과적인 전략을 고민해 보시기 바랍니다. 노력이 가장 이상적인 성과를 내기 위해서는 반드시 이 전략을 사용해야 합니다.

# 5
# 플랫폼을 활용하라



어렸을 때 남자아이들이 잘 갖고 노는 장난감으로 저는 레고를 들고 싶습니다. 레고는 오래 전부터 인기 있는 장난감으로 여러 개의 블록을 조립하여 집이나 자동차 등의 모형을 만들어내는 형태로 시장에 출시되어 있습니다. 레고 역시도 오래 보관하거나 희귀한 물품을 소유하고 있으면 이에 대한 프리미엄이 붙는데, 이런 수단으로 돈을 버는 사람이 조금씩 생기자 한때는 한국에서 레테크 (레고 재테크) 라는 말이 유행하기도 했습니다.

제가 재미있게 생각한 부분은 바로 레고 팬페이지에서 진행되는 아이디어 경연대회입니다. 참가자는 기본 레고 블록을 활용하여 자신이 생각한 것을 만들어 낸 뒤 모든 사람이 볼 수 있는 커뮤니티에 해당 작품을 전시합니다. 팬들이 투표를 가장 많이 받은 제품들의 경우 레고 본사에서 확인한 뒤 가능한 경우 해당 아이디어를 상품화시키기도 합니다. 팬으로서는 자신의 작품이 시중에 팔리는 물품으로 제작되니 큰 의미가 있고, 본사에서는 힘들게 아이디어를 찾지 않아도 되니 일석이조라 할 수 있습니다.

저는 이 가운데 2가지 부분에 주목하고 싶습니다. 첫째는 이렇게 창의력을 발휘할 수 있는 레고 블럭의 모양도 일정한 형태로 구성되어 있다는 점, 다른 하나는 레고의 팬들과 본사가 협업하는 시스템이 잘 구축되어 있다는 것입니다. 좋아하는 것을 할 수 있는 환경을 만들어 줌으로써 서로를 만족시키는 일은 생각만큼 쉽지 않습니다.

일을 할 때 시너지를 낼 수 있는 환경을 만드는 일은 매우 중요합니다. 기본적으로 환경이 잘 구축되어 있으면 똑같은 노력을 들이고도 큰 성과를 낼 수 있습니다. 그렇기 때문에 저는 우리 주변의 환경을 더 좋게 만드는 데 노력을 기울여야 한다고 생각합니다. 일을 하려는데 자꾸 방해가 되는 것이 있다면 효율이 높지 않을 것입니다. 더 큰 문제는 이런 사실을 알고 있으면서도 바꾸려고 하지 않는다는 것입니다. 의외로 우리 주변에서는 이런 일들이 많이 발생합니다.

우리는 어떤 일을 할 때 이에 필요한 기본적인 부분에 집중하고 이를 어떤 방식으로 고안해 낼지에 대해 고민해야 합니다. 새로운 것을 만들어 낼 때도, 일을 효율적으로 할 때도 이 부분은 중요한 문제입니다.

## 플랫폼은 쉽게 만들어지지 않는다

성공한 사람들에게는 뭔가 있을 것 같다는 것이 평범한 사람들의 생각입니다. 우리가 석지영 하버드 법대 종신교수를 바라보는 시선도 이와 비슷합니다. 첫 동아시아계 종신교수, 첫 아시아 여성교수, 첫 한인교수 등 화려한 이력을 보유하고 있기에 옆에서 보면 빛이 납니다. 그렇기 때문에 석지영 교수는 해외 무대를 꿈꾸는 많은 사람들의 롤모델로 자리하고 있습니다. 그녀는 어떤 방식을 통해 이런 성공을 이룬 것일까요?

그녀의 삶을 잘 살펴보면 의외로 우리가 생각하는 것만큼 평탄하지 않았습니다. 그렇지 않았다면 그녀가 인터뷰를 통해 "불완전함이 오늘의 나를 있게 했다", "완벽한 삶은 없으며 누구나 불완전한 존재임을 인정하는 것이 중요하다"와 같은 말은 하지 않았을 것입니다.

그녀가 가장 중요하게 생각하는 것은 확실하게 세팅된 롤모델을 기반으로 무언가를 만들어가는 것이 아니라 내 인생이 완전하지 않다는 것을 인정하고 그 안에서 가장 잘 할 수 있는 것을 찾아나가는 과정에서 자신만의 인생이 만들어진다는 점입니다. 이는 그녀가 언론을 통해 밝힌 인터뷰를 통해서도 잘 드러나고 있습니다.

"제 인생을 성공사례로 꼽기보다 '누구도 완벽하지 않다' 는 사실을 우리 모두 공감했으면 합니다. 최고 수준에 오르려면 시간이 오래 걸립니다. 자기가 좋아하는 일에 매진해야 '톱' 이 될 수 있습니다. 그러려면 지식과 경험을 습득하면서 오랫동안 즐거움을 느낄 수 있는 대상을 발견해야 합니다."

"문학에 관심은 있었지만 글쓰기가 적성에 맞지 않았어요. 마음을 잡아끄는 대상이 나타난다면 방향을 바꿀 가치가 있다고 생각합니다. 인생은 한 번 사는 것이기 때문에 자신이 즐겁지 않은 일을 하는 것은 매우 안타까운 일입니다."

석지영 교수에게도 시행착오가 있었다는 사실은 우리가 주목해볼만 합니다. 우리가 비록 완벽한 사람이라고 생각했을지라도 그들에게는 많은 고민이 있었습니다. 문학을 좋아했지만 글쓰기가 맞지 않는다고 생각했을 때 그녀가 한 선택을 보며 우리는 비슷한 상황이 왔을 때 어떻게 행동해야 할지를 알 수 있습니다. 이는 아마 인생을 살며 거의 모든 영역에서 적용할 수 있을 것입니다.

그렇다면 그녀가 생각하는 공부는 어떤 것일까요? 인터뷰를 통해 살펴본 그녀의 생각은 법학대 교수답지 않게 매우 철학적입니다. 또한 교육적이기도 하죠. 어찌 보면 세상을 살아가는데 있어 꼭 필요한 우리의 지혜가 아닐까 생각될 정도로 그녀의 말은 많은 것을 포함하고 있습니다.

"공부는 단순히 지식과 정보를 얻는 수단이 아닙니다. 공부란 자신을 찾아가는 길이자 과정입니다. 내면을 살펴보고 마음을 사로잡는 무언가를 찾는 과정입니다. 그렇기에 공부는 아주 개인적인 것이며 재미있죠. 하버드대에서 학생들을 가르치다 보면 공부하는 희열에 빠져 시간 가는 줄 모르고 책에 파묻히는 모습을 자주 볼 수 있습니다. 과거의 지식을 익히는 데 그치지 말고 앞으로 변화할 세상과 그 세상을 변화시키는 자신의 모습을 상상하며 즐겁게 배우세요."

저는 이 내용을 보면서 공부는 플랫폼을 만드는 일이라고 생각했습니다. 그 이유는 공부의 특성이 무언가를 배우고 인생을 판단하는 기준을 만드는 일이기 때문입니다. 우리는 주변의 것들을 받아들이며 인생에서 지켜야 할 소중한 가치를 마음속에 세웁니다. 그렇기 때문에 올바른 것을 보고 배우는 일은 무엇보다도 중요합니다. 저는 이 책과 많은 사람들의 사례들을 통해 여러분들이 삶을 살아가는 기준을 꼭 가지셨으면 하는 소망을 품습니다. 또한 그렇게 만든 가치를 기반으로 자신의 역량을 발휘할 수 있는 플랫폼을 구축하게 된다면 그 사람의 인생은 대다수의 평범한 사람들의 그것과 다른 독창적인 방향으로 흘러갈 것입니다. 결국 이는 자연스럽게 그 사람의 경쟁력이 됩니다. 현대 사회를 살아나가면서 경쟁력이 없다면 우리는 쉽게 외부의 변화에 피해를 입게 될 것입니다. 자신만의 무언가를 갖는 일이 중요한 이유라 생각합니다.

## 🔍 만두 안에는 무엇이 들어가는가?

제가 제일 좋아하는 음식은 만두입니다. 입맛에 맞고 종류도 다양하여 질리지 않기 때문입니다. 아마 종류는 다를 수 있지만 여러분들도 각자 좋아하는 음식이 있을 것입니다. 사실 맛있는 음식을 먹을 수 있는 건 우리에게 주어진 큰 복 중 하나입니다. 만일 미래에 알약 하나로 모든 영양소를 섭취할 수 있는 시대가 온다 할지라도 음식은 사라지기 힘들 것이라는 게 제 개인적인 생각입니다.

그런데 만두를 잘 살펴보면 재미있는 점을 발견할 수 있습니다. 일반적으로 만두는 밀가루 반죽을 얇게 편 피에 고기나 야채를 싸서 먹는 음식입니다. 그런데 이 음식은 안에 어떤 재료가 들어가느냐에 따라 이름이 달라집니다. 고기가 들어가면 고기만두, 김치가 들어가면 김치만두, 새우가 들어가면 새우만두 등 그 종류도 다양하죠. 그러나 전체적인 구조는 크게 달라지지 않습니다. 얇은 밀가루 껍질에 맛있는 재료를 싸서 먹는 것이죠.

저는 이런 만두의 특성이 새로운 것을 만들어낼 때도 활용될 수 있다고 생각합니다. 학생의 공부 스타일, 회사의 새로운 업무, 창의적인 아이디어 등 많은 생각이 필요한 부분에 도움을 줄 수 있기 때문입니다. 일정한 형식을 정해놓고 그 안에 들어가는 내용을 바꿔가며 어떠한 것을 만들어 낸다면 노력은 훨씬 적게 들면서 좋은 것을 더 손쉽게 만들 수 있습니다. 우리는 이러한 방식을 플랫폼이라고 부릅니다.

플랫폼은 하나의 큰 틀입니다. 플랫폼은 내가 무엇을 해야 할지 꼼꼼하게 지정하는 것이라기보다는 전체적인 방향성과 일을 이루어내는 스타일을 하나의 형식으로 통일한 상태라고 할 수 있습니다. 플랫폼을 바탕으로 무언가를 할 경우에는 개인의 입장에서는 시간을 절약할 수 있다는 장점이 있고, 여러 사람이 모인 경우에는 공통적인 요소를 바탕으로 일을 효율적으로 할 수 있는 기반이 생깁니다. 이는 어찌 보면 당연한 결과입니다. 서로 창의적인 아이디어를 바탕으로 일을 했다고 할지라도 기본적인 틀을 똑같은 방식으로 합의하였기 때문에 시행착오를 줄일 수 있기 때문입니다.

도서관에서 공부를 해서 좋은 성적을 받는 사람을 예로 들어봅시다. 세부적인 과목에 대한 학습 전략은 달라질 수 있지만 전체적으로 봤을 때 그가 공부를 하는 스타일은 크게 바뀌지 않습니다. 정해진 시간에 학교에 오고, 일정한 시간에 도서관에 자리를 잡은 뒤 자신이 해야 할 것에 묵묵히 집중합니다. 친구가 부를 때 나가서 커피를 함께 마시고 집중이 잘 되지 않는다면서 오랫동안 바깥에 나가 있는 사람이 공부를 잘하기란 불가능에 가깝습니다. 오히려 자신의 목표를 정확하게 설정하고 이를 달성하기 위해 노력하며 그 가운데 적절히 시간을 안배하는 사람이 성공할 수 있는 것이죠. 이 말은 공부에도 일정한 형식의 플랫폼을 적용시킬 수 있다는 뜻과 일맥상통합니다. 사실 플랫폼은 우리가 하는 거의 모든 일에 적용시킬 수 있습니다.

책의 서두에서도 언급하였지만 하버드 대학교의 도서관에서 공부하는 사람들의 열정은 우리의 상상을 초월합니다. 자신의 잠을 줄이면서 공부를 하고 스스로의 미래를 깊이있게 생각하며 필요한 것을 준비합니다. 대개 우리나라의 학생들은 거의 대부분 이런 태도와 거리가 멉니다 (물론 모든 학생들이 그런 것은 아닙니다). 이들이 우리와 세계적으로 경쟁을 해야 될 대상이라는 생각을 해볼 때 지금 우리의 자세가 너무 안일한 것은 아닌지 다시 한 번 돌아볼 필요가 있습니다.

저는 우리가 인생을 바라보는 큰 플랫폼을 구축할 수 있어야 한다고 생각합니다. 근시안적인 태도로 성공할 수 있다는 이야기를 더 이상 믿어선 안 됩니다. 비록 이런 방식이 단기간에는 도움이 될지 모르겠지만 나중에는 어떤 형식으로 우리에게 피해를 줄지 예측하기 힘들기 때문입니다. 항상 주변을 살피고 신중하게 미래를 준비하며 자신에게 필요한 것에 집중하는 사람이 올바른 플랫폼을 구축할 수 있고 이를 바탕으로 성공할 수 있습니다. 이 글을 읽는 지금 여러분은 어떤 플랫폼을 구축하고 있습니까?

# 6
# 편견을 타파하라



한국 사람들은 첫인상을 잘 믿습니다. 특히 혈액형에 대한 인식이 가장 대표적입니다. 사실 그렇지 않은 경우도 많지만 이미 주입된 생각을 바꾸기란 생각처럼 쉽지 않습니다. 만약 이렇게 주입된 생각이 긍정적이라면 큰 문제가 되지 않지만 반대의 상황에 처할 경우 난처한 상황에 처할 수 있기 때문에 사람들은 자기관리에 많은 노력을 기울입니다.

기존에 자리잡고 있는 편견을 깨부수기 위해서 우리는 수많은 노력을 기울여야 합니다. 때로는 그 방식이 과감해야 할 때도 있고, 혹은 수많은 비난을 감수해야 하는 경우도 있죠. 그 과정이 매우 어렵기 때문에 많은 사람들이 이 과정을 포기하기도 합니다.

허나 주변을 자세히 살펴보면 우리의 세상은 편견과 부조리로 가득차 있습니다. 이제는 우리가 감당해야 될 문제가 생각보다 많다는 것을 의미합니다. 아무리 노력해도 해결할 수 없을 것 같은 문제를 반드시 풀어야 하는 경우도 우리는 자주 접하게 됩니다. 주어진 문제를 해결하지 않고 도망만 다니는 것은 올바른 태도가 아닙니다.

다른 사람이 우리를 어떻게 생각하고 있는지는 매우 중요한 문제입니다. 심하게 말하면 이 부분 하나 때문에 우리의 성공과 실패가 결정되는 경우도 있습니다. 개인의 능력이 아무리 뛰어나다 할지라도 혼자서 할 수 있는 일에는 한계가 있기 때문입니다. 저는 이런 상황에서 우리가 2가지 방식으로 노력해야 한다고 생각합니다. 첫째는 내 안의 한계에 대한 편견을 없애는 일이고, 다음은 주변 사람들이 갖고 있는 나의 편견에 맞서는 것입니다. 이런 과정을 통해서 우리의 인생은 더 풍성해질 수 있습니다.

## 편견은 쉽게 바뀌지 않는다

시대가 바뀌면 그 시대를 구성하는 사람들의 역할은 자연스럽게 바뀝니다. 예전부터 우리는 남성과 여성의 정확한 역할에 대해 많이 궁금해 왔습니다. 사실 이 주제는 쉽게 바라봐선 안 됩니다. 각자의 환경도 모두 다를뿐더러 특정한 역할이 정해진다고 해서 꼭 그 방식이 효율적이라는 보장도 없기 때문입니다. 우리나라만 봐도 그렇습니다. 아이를 양육하는 엄마들이 밖에 나가면 맘충(개념없는 행동을 하면서도 무엇을 잘못

했는지 모르는 주부들을 지칭하는말)이라는 말을 듣고, 회사생활을 열심히
하는 여성의 경우 대놓고 말하진 못하지만 여러 면에서 차별을 받습니
다. 남녀평등을 외치지만 확실히 차이가 있는 것도 사실입니다.

만약 내가 이런 사회에서 일하는 여성이라고 가정했을 때 어떤 행동
을 해야 할까요? 페이스북의 2인자로 불리는 셰릴 샌드버그(하버드 대학
교, 하버드 경영대학원 졸업)는 우리에게 좋은 사례를 제시합니다. 그녀는
'린 인'이라는 책을 통해 직장에서 어떤 방식으로 행동해야 하는지, 삶
을 어떤 방식으로 영위해야 할 것인지 등에 대한 자신의 생각을 우리와
공유했습니다.

그녀의 생각은 책의 제목에서도 잘 살펴볼 수 있습니다. 원래 '린 인
(Lean in)'이라는 말은 뛰어들다라는 의미가 있습니다. 즉, 그녀는 적극
적으로 행동하는 사람만이 자신이 원하는 것을 성취할 수 있다는 사실
을 간접적으로 우리에게 보여주고 있는 것이죠. 그녀는 남성들에게 기
대하는 것보다는 스스로 움직여서 목표를 성취할 것을 지속적으로 강조
합니다. 물론 우리가 알고 있다시피 이는 생각만큼 쉽지 않습니다. 주변
의 편견과 어려움을 극복해야 하기 때문입니다.

샌드버그에 의하면 여성들이 사회 고위직에 진출하는 비율은 매우 낮
습니다. 190개의 나라 지도자들 중 여성이 그 자리를 차지하고 있는 경

우는 10%도 되지 않습니다. 국회의원 중 여성이 차지하는 비율도 이와 비슷합니다. 이에 대한 원인은 다양합니다. 사회적인 문제일 수도 있고, 어쩌면 일을 하는 여성 개인의 문제일 수도 있죠.

그녀는 이에 대한 해결책으로 우리에게 3가지를 권합니다. '첫째, 책상에 앉아라. 둘째, 여러분의 동료를 진정한 동료로 만들라. 그리고 마지막으로 그만둬야 하기 전엔 그만두지 마라.' 입니다. 사실 이런 원리는 일반적인 상황에서 본다면 매우 평범한 것들입니다. 다만 이를 여성적인 관점에서 바라보며 어떻게 해야 조금 더 내게 유리하면서도 다른 사람들에게 도움이 될 수 있는 지를 다룬다는 점에서 그녀는 기존의 것들과는 약간 다른 방식을 택하고 있습니다.

아마 셰릴은 지금의 위치에 오르기까지 정말 많은 노력을 기울였을 것입니다. 보이지 않는 장벽을 하나 둘 찾아내고 이런 문제를 해결할 전략을 고민하여 자신의 업무에서도 전문성을 보여주어야 했으니 그녀의 스트레스가 얼마나 컸을지는 말하지 않아도 쉽게 알 수 있을 것입니다. 아마 그녀가 가장 힘들었던 것은 여성이라는 존재에 대해 사람들이 가지고 있었던 선입견이었을 것이라 생각됩니다.

편견을 깨부수기 위해서 우리는 많은 노력을 기울여야 합니다. 남성에게도 여성에게도 이는 동일하게 적용되는 원리입니다. 지위의 높고

낮음과도 큰 상관이 없죠. 다만 내가 어떤 위치에 있느냐에 따라 노력을 해야 하는 방향은 달라져야 합니다. 셰릴 샌드버그는 이를 철저히 여성의 관점으로 적용시키며 자신만의 성공을 일구어 냈습니다. 저는 우리가 편견과 선입견을 깨부수기 위해 노력해야 한다고 주장하고 싶습니다. 또한 이를 깨기가 어렵기 때문에 이 문제를 다방면으로 접근하며 자신만의 전략을 설계해야 한다는 내용 역시 함께 말씀드리고 싶습니다.

다음의 글을 읽으면서 우리가 갖고 있는 선입견이 얼마나 큰 힘을 발휘하는지 확인해보도록 합시다. 아마 많은 부분에서 느끼는 바가 많을 것이라 생각합니다.

브라질에서 매일 오토바이를 타고 콜롬비아로 가는 할아버지가 있었습니다. 할아버지는 오토바이 뒤에 항상 주머니를 달고 다녔는데, 이를 수상히 여긴 세관원이 몇 번이고 검문했지만, 별다른 혐의점을 찾지 못했습니다. 검사한 주머니에는 언제나 특이할 것 없는 모래만 들어있었기 때문이죠. 그러나 주머니에 대한 의심을 내려놓지 못하고 거기에 무언가가 있다고 생각한 세관원이 콜롬비아로 향하는 할아버지에게 하소연하듯 물었습니다.

"영감님, 체포하지 않을 테니 솔직하게 말해주세요. 밀수하는 게 있지요? 그게 대체 뭡니까?"

그러자 할아버지는 웃으며 말했습니다.


"오토바이라우!"


## 🔍 벤틀리를 땅에 묻어버린 남자

현대사회에서 돈은 정말 중요한 요소입니다. 피는 물보다 진하다고 하지만 요즘 같은 시대에는 그렇지 않습니다. 사랑하는 가족임에도 불구하고 돈 때문에 거액의 소송에 휘말리고, 부모의 유산을 조금이라도 더 많이 차지하기 위해 다양한 형태로 싸움을 벌이기 때문입니다. 사실 돈은 우리의 삶에서 매우 중요한 요소입니다. 돈을 쫓는 것 자체는 나쁘지 않음에도 돈이 문제가 되는 이유는 이를 너무 많이 차지하려고 하는 사람들의 욕심 때문이 아닐까 생각합니다.


그렇기 때문에 아무런 이유 없이 돈을 낭비하는 행위는 사람들의 분노를 불러일으킬만 합니다. 누군가가 행복을 누릴 수 있는 수단을 상대방을 배려하지 않고 아무렇지도 않게 버리는 것과 같기 때문입니다. 만약 제 주변에서 그런 일이 발생한다면 저는 그를 모든 수단을 사용하여 설득할 것입니다. 버려지는 돈보다는 개인이나 사회를 위해 쓰여지는 돈이 훨씬 더 가치 있습니다.


그런데 얼마 전 브라질의 한 사업가가 벤틀리의 장례식을 치르겠다며

삽을 든 채 페이스북에 인증샷을 올리는 사건이 일어났습니다. 모두가 갖고 싶어하는 자동차인 벤틀리의 가격은 우리나라 돈으로 5억이 넘는 거액입니다. 당연히 대중들의 반응은 싸늘했습니다. 그는 '보물을 묻으면 내세에서 풍족한 삶을 누릴 수 있다고 믿는다' 라는 인터뷰를 통해 그나마 긍정적인 시선으로 바라보던 사람들의 마음을 완전히 돌려버렸습니다. 아마 그는 평생 먹을 욕을 이때 다 먹었을 것입니다.

그러나 그는 이런 시선에 아랑곳하지 않고, 장례식의 진행현황을 실시간으로 중계했습니다. 땅의 깊이는 어느 정도인지 묻기로 한 벤틀리의 상태는 어떤지, 장례식은 어떤 방식으로 진행할 것인지 등을 말하고 심지어는 이런 내용을 TV에 나가서도 설명했습니다. 마음에 들지는 않았지만 사람들은 그의 기행에 좋던 싫던 관심을 기울일 수밖에 없었습니다.

장례식 당일이 되자 그의 집 정원에는 엄청나게 많은 사람들이 모여 그의 행동을 주시했습니다. 그런데 장례식을 취재하러 방송국에서 보낸 수많은 기자들 앞에서 그는 삽질을 멈추고 다음과 같은 폭탄선언을 날립니다.

'벤틀리를 묻는 건 말도 안 된다고 생각하면서, 왜 누군가의 생명을 살릴 수 있는 사람의 장기는 그냥 땅에 묻어버리는 건가'

사실 그가 욕을 먹으면서도 이런 행동을 강행한 이유는 장기 기증을 독려하기 위함이었습니다. 비싼 돈을 주고 산 벤틀리가 땅에 묻히면 우리는 그것을 아까워하지만, 사람이 죽었을 때 몸에 있는 장기에 관해서는 깊게 생각하지 않습니다. 만약 벤틀리가 비싸기 때문에 우리에게 소중하다면, 사람의 생명을 살릴 수 있는 장기의 가치는 벤틀리와 비교할 수조차 없을 정도로 높을 것입니다.

저는 이 사례를 통해 그의 대담함을 배워야 한다는 메시지를 전하고 싶습니다. 그는 자신의 명성이 깎이는 것에는 전혀 신경쓰지 않고 장기가 없어 죽어가는 사람을 살리기 위해 모든 비난을 감수했습니다. 그의 수단이 전적으로 옳다고 말할 수는 없지만 우리는 그가 자신의 목적을 위해 스스로의 수단을 활용하여 노력했다는 사실을 잊지 말아야 합니다. 사실 편견은 쉽게 깨지지 않습니다. 어떨 때는 충격요법이 필요하기도 하죠. 이를 해결하기 위해서는 파격적이면서도 이를 실천에 옮길 수 있는 과감함이 필요합니다. 벤틀리의 사례는 이에 부합하는 가장 좋은 예시입니다. 비록 우리의 노력이 벤틀리를 묻어야 할 정도로 파격적일 수는 없겠지만, 자신의 경험을 활용하여 사람들의 마음을 긍정적인 방향으로 바꾸려는 시도는 큰 의미가 있습니다. 우리는 이 사실을 기어해야 합니다.

7

# 자신의 목적을 명확히 하라

### 🔍 오리슨 스웨트 마튼이 주장하는 신념의 마력

서점에 가면 성공의 법칙을 말하고 있는 책들이 많습니다. 삶이 팍팍해지면서 독자들의 마음을 파고든 자기계발서가 대표적인 사례입니다. 자기계발서의 저자들은 몇 가지 성공의 법칙을 말하며 이대로만 한다면 원하는 바를 달성할 수 있다고 말합니다. 사람들은 저자들의 이런 주장에 열광했고 그 결과 자기계발서는 사람들에게 가장 많이 읽히는 책의 한 종류로 자리잡게 되었습니다.

아무래도 대중이 성공학 서적을 찾는 이유는 사회에서 성공하기 어렵다는 반사심리가 반영되었기 때문입니다. 그런 사람들의 마음을 파고드는데 자기계발서는 탁월한 능력을 발휘합니다. 사실 자기계발서는 실천 전략을 강조하는 행동지향주의적인 성격보다는 지친마음을 이해해주고 마음을 다잡아주는 힐링 서적으로서의 역할이 더 강했습니다. 재미있는 것은 자기계발서의 저자들이 세부적인 실천전략까지 다 기록해서 알려 주었는데도 대중이 느끼는 부분이 단순히 마음공부에 치중되어 있다는 점입니다. 실천은 싫지만 지금의 기분은 계속해서 느끼고 싶다는 독자 들의 이중성이 반영된 결과가 아닐까 생각합니다.

오리슨 스웨트 마튼 (하버드 대학교 의학박사) 역시 이런 주류 속에서 자신의 영향력을 키운 사람입니다. 그는 인생에서 성공을 거두는데 필 요한 내용을 정리하고 이를 자신이 창간한 성공잡지(석세스 매거진)에 연재했습니다. 그가 주장하는 메시지의 핵심은 '사람들은 내면 깊숙한 곳에 엄청난 힘을 지니고 있다', '부정적인 생각을 떨쳐버리면 이런 힘 의 문을 열 수 있다' 는 것입니다.

마튼의 메시지는 마음이 황폐해져있을 때 독자들의 마음에 위로가 될 수 있다는 점에서 매우 긍정적입니다. 힘들고 지쳐 내가 해야 할 것들을 모두 내려놓고 싶을 때 내 마음을 이해해주는 자기계발서 내의 문구는 마른 하늘의 단비와 같을 것입니다.

그러나 저는 이런 생각을 비판적인 사고 없이 그대로 받아들이는 것은 경계하고 싶습니다. 자기계발서는 사람들의 마음을 바로잡고 새롭게 시작할 준비를 시켜주는 면에 있어서는 탁월한 효과를 발휘합니다. 허나 이후에 내가 어떻게 행동해야 할지 명확한 가이드라인을 설계하지 못한다면 그들의 마음은 곧 원래대로 돌아올 것입니다. 자기계발서를 읽을 때에는 자신의 상황을 먼저 명확하게 파악하고, 책의 내용을 어떤 방법으로 적용할 수 있을지에 대해 끊임없이 연구해야 합니다. 목적이 없는 실천전략은 결국 아무런 도움도 되지 못합니다. 다음에 나올 마튼의 말 역시 같은 맥락으로 이해해야 합니다. 무조건 받아들이기보다는 내 꿈과 목적을 한 번 생각해보는 것이죠.

'성공하기 위해서는 두 가지 요소를 충족시켜야 한다. 하나는 그 일을 시작하는 것이고, 다른 하나는 성공할 때까지 그 일을 그만두지 않는 것이다.'

'신념이 확고한 사람들에게는 세상이 길을 열어준다. 사람들은 다른 이들이 포기하고 내버려 둘 때 이에 끈질기게 몰입하고, 집중하며 기다리는 사람을 믿게 마련이다.'

저 역시도 마튼의 이런 의견에 동의합니다. 무언가를 얻기 위해서는 먼저 자신이 원하는 바를 명확히 하고 이를 얻기 위해 다양한 수단을 활용하며 노력해야 하기 때문입니다. 우리는 이런 기본적인 원칙을 잊고 살 때가 많습니다. 원하는 바를 성취하기 위해서는 노력해야 합니다. 물론 그전에 내가 원하는 것이 무엇인지는 확실하게 파악하고 있어야 합니다. 그렇지 않다면 내가 한 노력은 모두 소용이 없게 될 수도 있으니 말입니다.

## 스스로 돕는자는 인생을 바꾼다

마튼의 이런 생각은 사실 스코틀랜드의 작가인 새뮤얼 스마일스의 영향을 많이 받은 것입니다. 그 역시 성공을 하기 위한 최우선의 조건으로 개인의 노력을 강조했습니다. 이런 성향은 그의 저서인 '자조론(Self-Help)'에 잘 기록되어 있습니다. 자조론은 오늘날에도 많은 독자들이 찾는 성공학의 고전으로 꼽히고 있죠. 스마일스는 자조론을 통해 우리가 갖추어야 할 가치와 도덕적인 부분을 언급하며 개인의 자아를 완성하는데 큰 공을 세웠다는 긍정적인 평가를 받고 있습니다.

만약 사회가 꼼수를 통해서 성공할 수 있는 가능성이 더 크다면 이미 그곳은 병들어있는 것이라 봐도 무방할 것입니다. 노력하지 않는 사람이 평범한 이들보다 더 큰 것을 누리게 된다면 노력한 사람이 느끼는 상대적인 박탈감은 더 커질 수밖에 없습니다. 오늘날 나오고 있는 금수저, 흙수저와 같은 용어는 이런 상황이 잘 반영된 단어입니다. 금수저는 흙수저가 죽어라 노력해서 이룬 것을 노력하지 않고도 쉽게 얻을 수 있죠.

그러나 저는 이처럼 금수저가 어떤 것을 얻으려는 노력없이 원하는 목표를 달성했을 때에는 사회가 감내해야 할 부작용이 크다고 말씀드리고 싶습니다. 고려시대의 음서제가 대표적인 사례입니다. 능력이 되지 않지만 귀족이라는 이유 하나만으로 관직을 차지할 수 있었던 그 시대의 정치가 어떠했는지를 잘 살펴본다면 제가 이런 말씀을 드리는 이유를 짐작할 수 있을 것입니다. 또한 이런 상황에서도 사회를 움직이는 것은 의식이 깨인 지식인층이었다는 사실을 더불어 말씀드리고 싶습니다.

새뮤얼 스마일즈의 자조론 역시 이런 맥락에서 독자들을 설득하고 있습니다. 그의 주장에 따르면 사람들의 성공은 신분의 제약이나 타고난 재산의 여부와는 상관없는 요소입니다. 그가 강조한 것은 의지와 노력을 통해 부와 성공을 얻을 수 있다는 점입니다. 그는 땀 흘려 일하는 것을 최고의 가치로 삼고, 자기 분야에 관심을 갖고 몰입하는 사람들이 성공 가능성이 높다고 강조했습니다. 그렇기 때문에 그는 단순히 부자와 가난한 자를 이분법적으로 나누지 않고 현재 자신의 모습에 오르기까지 최선을 다해 스스로를 갈고 닦은 모든 사람들에게 찬사를 보냅니다. 또한 이런 사람들이 많아질 때 사회가 발전할 수 있다는 말 역시 덧붙이죠. 간단하게 말씀드리자면 이 책은 영웅이 아닌 범인, 재능보다는 열정, 천재보다는 노력의 가치를 강조합니다.

자조론을 관통하는 전체적인 글의 논지는 근면 성실한 태도를 바탕으로 노력하는 사람이 성공할 수 있다는 것입니다. 사실 현실에서도 이 법칙은 유효합니다. 개인의 노력이 아니라 다른 요인으로 물질적 부나 명예를 거머쥐는 경우에는 어떤 방식으로든 문제가 발생합니다. 새뮤얼역시 정치와 자본의 이러한 속성을 함께 비판하고 있습니다. 어떤 사회이건 간에 인격과 도덕적인 측면은 그 사회의 청렴도를 나타내는 지표입니다. 산업화와 자본주의의 길을 걷는 사회는 어디든 비슷한 사회문제를 드러낼 수밖에 없습니다. 부자와 권력자 그리고 각계각층의 리더들이 저지르는 부패와 도덕적 해이, 신용불량 등의 잘못은 엄중히 다루어져야 합니다. 절대로 일어나서는 안 되는 일이죠. 하지만 문제는 이런일이 우리나라를 포함해 다양한 곳에서 비일비재하게 발생하고 있다는점입니다. 그렇기 때문에 우리가 생각했을 때 자조론은 별로 설득력이없어 보이기도 합니다.

그러나 저는 책의 내용이 현실과 맞지 않는다고 해서 사회적인 구조만을 비판하는 것은 개인에게 그다지 생산적이지 않다고 말씀드리고 싶습니다. 비록 사회구조가 불합리하더라도 스스로 움직이지 않으면 이에대한 손해를 더 감수하게 됩니다. 그렇게 하지 않으면 노력이 노오력(청년들이 헛된 노력을 냉소적으로 부르는 말)으로 바뀔 수밖에 없습니다. 열심히 힘을 다해 무언가를 했는데 그것이 아무 성과없이 헛것으로 남는것보다는 우리에게 도움이 되는 가치로 남는 것이 훨씬 낫습니다. 다른사람들에게 인상적으로 기억될 가치를 남기기 위해선 우리가 무엇을 위해 노력하는지 생각해보아야 합니다. 아무 목적없이 하늘을 날아간 비행기가 안에 탄 승객들을 만족시키기가 어려운 것처럼 우리 역시 목적을 갖고 이를 달성하기 위해 노력을 기울여야 하는 것이죠. 이는 단순히 열심히 일하고 노력해서 부자가 되자라는 것보다는 자신을 절제하고 더 나은 나를 만들기 위해 자신을 수양하는 것에 더 가깝습니다. 사실 자신을 수양하는 것은 시대의 상황이 어떠냐와는 큰 상관이 없습니다. 내가 어떤 마음을 먹느냐에 따라 그 성과가 달라지기 때문입니다.

저는 우리가 지녀야 할 자세가 바로 이와 같아야 한다고 생각합니다. 진보적인 자세를 갖되 긍정적인 에너지를 버리지 않고 개인의 발전을 위해 애쓰는 것은 현대를 살아가는데 큰 도움이 됩니다. 그러기 위해서는 내가 무엇을 위해 노력하는지에 대한 목적이 분명해야 합니다. 그렇지 않은 경우 거의 대부분의 사람들은 발전을 위한 말보다는 현 상황에 불만을 갖고 다른 사람들을 비판하게 됩니다. 비판을 위한 비판은 어느 누구도 만족시킬 수 없습니다. 오히려 그 시간에 자신에게 도움이 되는 무언가를 하는 게 훨씬 도움이 되죠. 주위의 환경에 굴복하지 않고 자신이 하고 싶어하는 일에 집중하며 개인의 능력을 발전시키려는 사람들이 많아질 때 우리가 살고 있는 곳은 이전보다 훨씬 더 좋아질 것이라 확신합니다.

# 하버드 도서관,
# 몰입의 탄생

# 1
# 선택하고 집중하라



## 필요한 것에 집중하라

성공하기 위해 필요한 요소에는 어떤 것들이 있을까요? 중요한 요소는 너무 많지만 그 중에서 우리가 알아야 할 것을 하나 고르자면 자신이 보유한 능력이나 상품을 시장에 잘 알리고 판매하는 일인 마케팅을 꼽을 수 있습니다. 아무리 좋은 상품이 있어도 시장에 효과적으로 노출이 되지 않는다면 판매를 시작도 못해보고 사업을 접어야 하는 경우도 생깁니다. 그렇기 때문에 우리는 제품을 만들게 되면 이를 어떤 방식으로 알리며 판매해야 할지 신중하게 생각해야 합니다.

마케팅 전문가인 필립 코틀러(하버드 대학교 박사후 연구과정.-Post

Doctor)는 그런 우리에게 많은 메시지를 전하고 있습니다. 미국의 경영학자인 그는 파이낸셜 타임즈에서 뽑은 비즈니스 그루에 잭 웰치, 빌 게이츠, 피터 드러커에 이어 4위로 선정된 영향력 있는 인물입니다. '필립 코틀러의 소셜마케팅', '마켓 3.0', '필립 코틀러 퍼스널 마케팅' 등 우리에게 잘 알려진 저서도 여럿 저술했죠. 이 중에서 오늘 제가 이야기할 책의 이름은 '마켓 3.0' 입니다.

필립 코틀러는 이 책에서 마케팅의 미래를 자신이 만들어 낸 개념을 기반으로 이야기합니다. 마켓 3.0이란 무엇을 말할까요? 숫자를 통해 짐작하실 수 있겠지만 그가 정의하는 마켓은 총 3종류입니다. 마켓 1.0은 대량생산을 기반으로 하는 제품중심시대, 마켓 2.0은 소비자가 제품의 정보를 쉽게 찾을 수 있는 정보화기술중심시대, 마켓 3.0은 소비자를 이성과 감성 및 영혼을 지닌 존재로 접근하는 가치주도시대를 뜻합니다.

저는 우리가 무언가를 만들어 내는 방식도 시장이 진화한 것과 동일하다고 생각합니다. 오래 전 우리는 질보다 양이라는 슬로건 하에 다른 사람보다 더 빨리, 더 많이를 주장하며 이 목표를 달성하려 노력했습니다. 시간이 지나며 사람들은 상대방이 원하는 것이 무엇인지 찾으며 다른 이들과의 차별점을 찾기 위해 노력했습니다.

대개 이런 노력은 방향성을 갖추어야 합니다. 마켓 1.0에서 2.0으로 이동할 때의 상황을 살펴봅시다. 고객의 불만을 파악한 몇몇 기업에서 소비자를 위한 제품을 만들어야겠다고 결심한 뒤 철저한 자기개선을 통해 모두를 만족시키는 결과물을 만들어냅니다. 만약 그 기업이 소비자를 만족시키는 것에 목적을 두지 않고 단순히 기능을 업그레이드 하거나 고장이 안나는 튼튼한 제품을 만들고자 했다면 시장에서 성공하기 어려웠을 것입니다. 진정으로 고객들이 바라는 것은 그게 아니었기 때문입니다. 이런 상황이라면 아무리 기업에서 큰돈을 들여 광고를 한다 해도 큰 소용이 없습니다. 그렇게 실시한 광고가 소비자들의 마음에 와 닿는 지도 알 수 없을뿐더러 이전처럼 티비나 미디어의 광고 효과가 큰 것도 아니기 때문입니다.

사실 오늘날 성공하기 위해서는 자신이 원하는 것을 만들기보다는 상대방이 원하는 것을 줄 수 있는 능력이 훨씬 더 중요합니다. 또한 상대방을 감동시킬 수 있어야 하죠. 생존전략에 민감한 시장이 이미 그렇게 하고 있다면 우리 역시 그렇게 하는 것이 옳습니다. 시장이 고객의 목소리를 들어야 살아남을 수 있는 것처럼 우리 역시도 자신만의 전략을 세울 수 있어야 살아남을 수 있습니다. 그러기 위해서는 모든 것을 잘하려 노력하는 것보다는 먼저 자신의 역량을 확고하게 다지고 이에 집중하는 노력이 필요합니다(물론 다른 것까지 능숙하게 할 수 있다면 이후의 과정이 수월하지만 기본적으로는 내가 진정으로 잘하는 것을 갖추는 일이 우선입니다).

필립 코틀러는 이 책을 통해 단순히 다른 사람들의 취향을 판단하는 것 이상으로 그들의 마음을 이해하고 공감해주는 능력이 중요하다고 말했습니다. 그것이 시장3.0에서 살아남기 위한 전략이라는 사실을 강조하며 말입니다. 이런 그의 말을 우리의 일상에서 적용할 수 있으려면 내가 원하는 것과 그들이 원하는 것을 정확하게 알아야 합니다. 간단하게 말씀드리자면 모든 것을 선택하기 보다는 원하는 것에 집중해야 한다는 의미입니다. 비록 고객이 원하는 것은 하나가 아닐지 몰라도 세상의 모든 것을 만족시키는 것이란 나오기 어렵습니다. 그렇다면 가장 바라는 바에 공감하고 이들을 이해해 줄 수 있는 것에 집중하는 것이 옳습니다. 우리의 인생도 이와 비슷합니다. 우리는 가장 원하는 것을 이룰 수 있도록 자신의 상황을 잘 살피고 더 나은 것을 만들어내려는 노력을 게을리하지 말아야 합니다.

수십 년 전만 하더라도 우리에게는 부족한 것이 많았습니다. 끼니를 해결하기 어려웠고 생활 자체가 되지 않았던 경우가 많았지만 요즘은 그렇지 않습니다. 물론 여전히 춥고 배고프며 힘든 사람이 완전히 사라진 것은 아니지만 전체적인 평균치로 보았을 때 우리의 삶의 수준은 많이 향상되었습니다. 이런 상황에서는 모든 것을 선택하기 보다는 내가 원하는 바를 정확하게 파악하고 집중하는 일이 더 중요합니다.

남아수독오거서는 '남자라면 모름지기 다섯 수레의 책을 읽어야 한다' 는 뜻으로 독서의 중요성을 강조하는 말입니다. 예로부터 선조들은 우리에게 책을 열심히 읽어야 한다고 말했습니다. 조선시대의 선비 계층은 그 말을 충실히 지켰습니다. 책을 읽고 그 내용을 마음에 새기며 이를 일상생활에서 실천할 수 있도록 많은 노력을 기울였습니다. 그렇게 해서 나타난 소중한 가치는 예나 효 같은 것들이었습니다.

그런데 저는 이 말이 오늘날에는 조금 다른 의미로 해석되어야 한다고 생각합니다. 오늘날처럼 수많은 정보가 오고가는 시대에 우리는 다섯 수레의 책을 어떤 것들로 채워야 할까요? 선조들이 이 말을 강조했던 예전에는 사서삼경 및 선비가 꼭 갖춰야 할 가치를 다루는 책 등이 이에 포함되었습니다. 실제로 이는 양반이나 선비 계층에게 중요했습니다.

허나 오늘날에는 세상에 양반과 선비만 있는 것이 아닙니다. 요리를 하는 사람이 전기공학과 관련된 책을 볼 필요는 없습니다. 반대로 건축 전문가가 교육과 관련된 책을 볼 이유도 없죠. 자신이 잘 하는 일에 집중하려면 그 분야의 책을 읽어야만 사회에서 자신의 능력을 키울 수 있습니다.

우리는 필요한 것을 공부하기보다는 주어진 것을 해결하기 위해 주먹

구구식으로 공부하는 경우가 많습니다. 학교와 현실간의 괴리가 나타나는 가장 큰 이유는 이 때문입니다. 비록 학교에서 배우는 내용이 쓸모없다고 할지라도, 공부를 하는 사람의 입장에서는 이런 방식으로 생각하면 안 됩니다. 모든 사람들이 같은 일을 하지 않기 때문에 학교에서 배운 내용은 일부 사용되지 않을 수도 있습니다. 모든 사람들을 대상으로 동일한 교육을 하기 때문에 이는 어쩔 수 없이 맞이해야 하는 현실이죠. 다만 중요한 것은 우리가 이 내용을 기억하면서 배운 것을 스스로의 인생에 어떻게 하면 적용할 수 있을까를 고민해야 한다는 점입니다. 그렇게 하지 않는다면 학교에서 배운 지식은 아무 소용이 없어질 것입니다.

앞에서 언급된 마켓 3.0을 생각해봅시다. 마켓 3.0의 핵심은 시장이 바라는 것을 제공하고 소비자를 영혼이 있는 존재로 생각하며 상생하는 것입니다. 우리의 미래 역시 개인의 영혼과 소망이 담겨 있습니다. 시장이 바라는 것을 하기 위해 노력하는 사람들이라면, 개인의 미래 역시 스스로의 영혼을 담아 소중하게 만들어져야만 합니다. 그 가운데 선택과 집중은 필수적인 요소입니다. 자신이 잘하는 것에 집중하고, 이를 더 효과적으로 할 수 있는 방법을 모색하는 것이 내 가치를 높이는 최고의 방법입니다.

# 2
# 몰입의 목적을 명확히 하라



### 🔍 만행, 하버드에서 화계사까지

예일 대학교에서 철학과 문학을 전공하고 독일 프라이부르크 대학과 하버드 대학교에서 종교철학을 공부한 폴 뮌젠이라는 인물이 있습니다. 우리는 대개 이런 사람들을 엘리트 지식인이라고 부릅니다. 명문대학교를 나왔는 데다가 전공도 철학과 문학 등 뭔가 남들과 달라 보이는 분야이기 때문입니다. 확실히 우리는 우리에게 없는 것을 가진 사람들을 부러워합니다. 이 경우에는 아마 학력과 엘리트적인 이미지일 것입니다.

그런데 그는 우리 생각하는 것과는 전혀 다른 길을 가는 사람입니다. 그의 다른 이름은 현각. 그는 한국에 머물며 부처님의 말씀을 설파하고 마음을 수행하는 승려입니다. 그가 출가를 결심하게 된 계기는 하버드 대학원 재학 중 우연히 듣게 된 화계사 조실 숭산 대선사의 설법이었습니다. 이후 참된 나를 찾겠다는 결심하에 지금까지 이루어왔던 것을 버리고 불교에 귀의했죠. 이러한 일련의 과정은 그가 쓴 책인 '만행, 하버드에서 화계사까지'에 상세히 기록되어 있습니다. 불법을 많은 사람들에게 알리고자 숭산의 설법집 '선의 나침반(The Compass of Zen)'과 '세계일화(The Whole World is a Single Flower)', '오직 모를 뿐(Only Don't Know)'을 영어로 번역한 사실도 눈여겨 볼만 합니다.

저는 비록 우리가 추구하는 인생의 궁극적인 방향이 그와 다를지라도 그의 인생에서 배울 점이 많다고 생각합니다. 그가 원하는 것은 수행을 통해 참된 나를 발견하는 것입니다. 우리는 나면서 모두 목적을 갖고 태어납니다. 그런데 재미있는 것은 우리가 그 목적을 알지 못한다면 인생을 제대로 살아낼 수 없다는 사실입니다. 이런 점에서 저는 우리가 자신에 대해 정확하게 아는 일이 매우 중요한 부분이라 생각합니다. 자신을 알지 못하면서 남을 위해 살 수는 없습니다. 내가 잘하는 것을 알지도 못하면서 다른 사람들에게 도움을 주기란 요원한 일입니다. 세상은 사람들이 삶의 목적에 집중할 수 없도록 다양한 방식으로 우리를 유혹합니다. 이런 현상을 현각 스님은 다음과 같이 말하고 있습니다.

"세속의 재미는 나타났다 사라진다. 권태에 빠져들기 쉽다. 수행자가 되기 전 내 삶은 항상 무언가를 좇는 삶이었다. 돈, 명예, 권력, 사랑……. 사람들은 달콤한 속세의 것들을 어떻게 버릴 수 있었느냐 묻지만 그건 꿀이 아니라 독이었다. 승려의 길은 내 인생 최고의 선택이었다. 운이 좋았다."

이 말은 우리가 무언가에 집중하고 몰입하지 않으면 세상 속에서 자신을 쉽게 잃어버릴 수 있다는 사실을 의미합니다. 오늘날의 삶은 우리의 생각 이상으로 바쁘고 빠르게 돌아갑니다. 스스로를 깊이 바라보고 생각할 여유 자체가 없기 때문에 사람들은 살면서 지금 내가 올바른 방향으로 가고 있는 것인지 확인할 시간조차도 없죠. 그렇기 때문에 우리는 무언가에 집중하더라도 이게 정말 올바른 방향으로 가고 있는 것인지, 계속했을 때 내가 후회하지 않을 것인지를 지속적으로 확인해야 합니다.

몰입의 목적을 명확하게 해야 하는 이유는 간단합니다. 우리가 모두 공통적으로 갖고 있는 시간이라는 자원 때문입니다. 원하는 것을 확실하게 알고 이 목표를 달성하기 위해 애쓰는 사람과 그렇지 않은 사람의 인생은 질적으로 차이가 날 수밖에 없습니다. 단순히 노는 사람과 공부하는 사람의 인생으로 구분지어 사람을 바라보라는 이야기가 아닙니다. 공부를 열심히 하는 사람이라 해도 그들의 인생에서 원하고자 하는 목적이 없이 단순히 시키는 대로 무언가를 한다면 나중에는 분명히 좋지 않은 결과로 나타날 것입니다. 현각 스님을 살펴보면 이 사실을 잘 알수 있습니다. 좋은 학벌이 있었지만 자신과 맞지 않는다고 생각하여 이를 과감하게 포기했기 때문입니다. 물론 이 부분에 대한 의견은 사람마다 다를 것입니다. 중요한 것은 그는 승려로 살겠다는 결심을 하고 자신이 원하는 바를 실천했다는 것이죠.

비록 우리가 세상의 모든 사람들을 구할 수 있는 인재가 되지는 못한다 할지라도 기본적으로 우리는 다른 사람들에게 도움을 줄 수 있는 존재로 살아가야 합니다. 모든 것을 잘 할 수는 없지만 자신이 잘하는 것을 통해 세상에 보탬이 되는 일을 하도록 노력합시다. 내가 열심히 하는 것에 대한 이유조차 없는 상태에서는 인생을 의미있게 살았다고 할 수 없습니다. 우리는 이 사실을 꼭 기억해야 합니다. 내가 열심히 노력하는 이유에 대한 목적을 갖는 것 혹은 목적을 찾고 이를 이루기 위해 몰입하는 것은 삶의 질을 높이고 나를 가치있게 만드는 소중한 과정입니다.

### 어느 책 중독자의 고백

장서가와 애서가라는 말이 있습니다. 둘 다 책을 좋아하는 사람이라는 뜻이지만 속에 내포된 의미는 조금 다릅니다. 그런데 대부분의 사람들은 위의 두 단어를 모두 좋은 뜻으로 사용합니다. 그렇다면 이 두 단어의 차이는 무엇일까요?

결론부터 얘기하면 장서가는 책을 수집하는 사람이고 애서가는 책에 있는 지식을 수집하는 사람입니다. 대부분의 사람들은 책을 많이 사는 사람의 지식수준이 높을 것이라고 생각하는데 이는 반만 맞는 말입니다.

어느 책 중독자의 고백이라는 책을 보면 위에서 언급한 장서가와 애서가의 차이를 분명하게 알 수 있습니다. 저자인 톰 라비는 지독한 장서가였고 그렇기에 책을 사는 것을 인생의 낙으로 삼았습니다. 똑같은 전집을 3~4세트나 사고도 그걸 알아차리지 못할 정도로 책을 사는 것에 사로잡혀 있었으니 이 사람의 책에 대한 집착은 놀라운 수준이라 할 수 있습니다.

책에서 얘기하는 책 중독자는 명품쇼핑족에 가깝습니다. 명품을 보면 지나치지 못하고 카드 할부를 동원해서라도 어떻게든 사고 보는 사람들이 이에 해당 됩니다. 책 중독자는 단지 중독 대상이 명품에서 책이라는 차이점밖에는 없습니다. 책 판매량이 적은 한국에서는 사실 이런 사람들이 많지 않겠지만 이러한 사회적인 현상은 한 번 깊게 살펴볼 필요가 있습니다.

사실 우리가 책을 읽는 이유는 지식을 축적하여 삶에 적용하기 위함입니다. 하지만 저는 주변에서 책을 사기만 하고 보지도 않았는데도 지식이 생겼다고 믿는 사람들을 많이 봤습니다. 참 애석한 일입니다. 책을 많이 사지 않더라도 제대로 읽은 책은 사람의 인생을 바꿀만큼 큰 힘을 발휘합니다. 이런 경우 사람을 바꾼 원동력은 책의 수량이 아니라 책 안에 담긴 좋은 내용입니다. 어느 순간 읽은 책의 한 문장으로 인해 인생의 목적이 생기기도 하고, 책을 읽으면서 마음이 정화되기도 하죠.

제가 즐기는 취미인 악기 연주에서도 비슷한 상황이 많이 발생합니다. 사실 악기를 만질 때 가장 중요한 것이 개인의 실력인데도 불구하고, 많은 사람들은 악기의 성능을 탓합니다. 연주를 잘하는 사람들은 악기가 좋지 않아도 그 가운데서 최고의 소리를 뽑아낼 수 있죠. 이 사례를 앞서 말씀드렸던 책에 비교한다면 이해가 쉬우실 것이라 생각합니다. 단순히 좋은 책을 모으는 것보다는 책을 읽으며 나의 지적 능력을 향상시키는 일이 훨씬 더 중요하다는 사실을 깨달아야 합니다.

그럼에도 불구하고 아직까지 과거의 유산으로 살아가는 사람들이 있습니다. 새로운 것을 배우지 않고 자신을 위한 투자에 인색한 사람들이 대표적입니다. 이들은 책사는 돈을 아까워하고 겉을 꾸미는데 들이는 돈만이 가치 있다고 생각합니다. 물론 꾸미는 것이 나쁜 건 아니지만 겉만 아름답다고 해서 그 사람의 가치가 올라가는 것은 아닙니다. 아름다움이 인정받기 위해서는 겉과 속이 모두 꽉 차 있어야 합니다. 그렇게 되면 우리는 다른 사람들에게 매력적인 존재로 자신을 어필할 수 있습니다. 저 역시도 이런 사람이 되기 위해 열심히 책을 읽고 글을 쓰고 있죠.

공부를 하지 않으면 사회에서 쓰임 받을 곳이 줄어든다는 것은 진리입니다. 나이가 많던 많지 않던 우리는 항상 새로운 것을 익혀야 합니다. 그리고 새로운 것을 조합해내는 창조력까지 갖춘다면 우리는 세상을 살아갈 무기 하나를 더 확보할 수 있습니다. 장서가가 되지 말고 애서가가 되도록 노력해야 합니다. 세상은 넓고 읽을 책은 많습니다. 다만 우리의 눈에 띄지 않은 책이 있을 뿐입니다. 그걸 발견하는 일은 전적으로 우리의 몫입니다.

3

# 재능을 연결하는 힘을 갖추어라

## 음악과 철학 그리고 문학의 상관관계

대한민국의 첼리스트로 유명한 사람을 꼽자면 아마 장한나(하버드 철학과)의 이름을 빼놓을 수 없을 것입니다. 10살에 전국 콩쿨에서 1위에 입상하고, 11살에 줄리어드 예비음대에 특별 장학생으로 입학한 천재의 모습을 보고 있노라면 괜시리 우리는 쉽게 주눅들어 버립니다.

그런데 재미있는 사실이 하나 있습니다. 2001년도에 들어간 하버드 대학교에서 그녀가 철학을 전공으로 선택한 것입니다. 음악을 하는 사람이 철학을 전공한다는 사실이 생소했기 때문에 이 소식은 한동안 한국사회에서 뜨거운 감자였습니다. 이미 그녀는 첼리스트로서의 능력을 인정받아 걸출한 거장들을 스승을 모시고 있었고, 그랬기에 지금과 같은 상황을 유지하면서 더 열심히 노력한다면 스승과 같은 길을 비교적 쉽게 갈 수 있었습니다. 사람들이 의아해 했던 점은 바로 이것이었죠.

그녀가 철학을 전공한 이유는 무엇일까요? 외부적으로 보이는 정답은 '스승이 권했기 때문' 입니다. 그녀의 스승은 음악을 보는 전체적인 눈을 키우는데 철학이 도움이 될 것이라 판단했습니다. 음악은 기본적으로 사람의 감정을 소리로 표현하는 예술입니다. 감정을 표현하기 위해서는 감정과 이를 이루고 있는 생각에 대해 정확하게 파악하고 이를 다양한 방식으로 표현할 수 있어야 합니다. 철학은 이 훈련에 가장 적절한 과목이었던 것이죠.

그녀는 인터뷰를 통해 음악을 좀 더 근원적이며 총체적으로 이해하기 위해 철학과 문학을 배우고 싶다고 말했습니다. 사실 한국에서 음악을 준비하는 사람들의 대부분은 음악 자체를 이해하려 하기보다는 기교를 익히려 노력하는 편입니다. 물론 이런 상황을 한국의 음악가들의 탓으로만 돌려서는 안 됩니다. 게다가 저는 음악을 전공한 사람도 아니기 때문에 외부에서 바라보는 것과 안의 사정은 다를 수 있다는 사실을 인정해야 합니다. 그러나 저는 적어도 장한나가 좋은 음악을 하기 위해 필요한 것이 문학과 철학에 대한 깊은 이해라고 말한 점만큼은 정말 신선하다고 생각합니다. 우리들 대부분은 무언가를 할 때 익숙한 수준에 도달

하면 더 깊이 있게 들어가려 하지 않습니다. 그렇게 하지 않아도 살아가는데 큰 지장이 없기 때문이기도 하고, 그 과정이 고되고 힘들다는 것을 누구보다도 잘 알기 때문입니다. 하지만 이렇게 되면 그 사람은 단순한 기술 하나만을 습득하게 될 뿐입니다. 그 이상 발전하기는 어렵죠.

내가 갖고 있는 것을 바탕으로 새로운 무언가를 만들어내기 위해 가장 필요한 것은 '생각을 하나로 모으는 힘' 입니다. 아무리 좋은 재료가 있다 할지라도 이를 표현할 수단이나 도구가 없다면 그 재료는 사람들의 눈에 잘 띄지 않을 것입니다. 이를 가장 잘 보여주는 것은 마르셀 뒤샹의 '샘' 이라는 작품입니다. 사실 이 작품은 별로 볼게 없습니다. 소변기를 떼다 붙인 것이기 때문입니다. 그러나 뒤샹은 완전히 새로운 발상으로 사람들을 설득하는데 성공합니다. 그가 주장한 논리는 '예술가의 눈에 의해 선택된 물건은 그 형상이 어떻든 작품이 될 수 있다' 였습니다. 앞서 말한 철학적 사고방식과 그 궤를 같이 하는 명 답변입니다. 예술을 하는 사람들에게 꼭 필요한 새로운 시선이 그에게 있었던 것입니다. 우리가 그처럼 세상을 바라보는 새로운 눈을 가질 수 있게 된다면 아마 우리는 인생을 새롭게 설계하는데 큰 도움을 받을 수 있을 것입니다.

## 플랫폼 전략을 통해 배워라

돌체 구스토라는 커피머신이 있습니다. 에스프레소 커피가 담긴 캡슐을 넣기만 하면 자동으로 맛있는 커피가 나오는 기계이지요. 돌체 구스토는 편하면서도 맛이 좋기 때문에 사람들에게 많은 인기를 누리고 있습니다. 실제로 백화점이나 대형 마트에 가면 어느 곳에서나 이 기계를 파는 것을 쉽게 볼 수 있습니다.

저는 돌체 구스토가 참 재미있는 기계라고 생각합니다. 수익을 만드는 구조가 참 신기하기 때문이지요. 돌체 구스토는 기계를 한 번 사는 것으로 끝나면 안 됩니다. 그렇게 할 경우 맛있는 커피를 먹지 못하게 되죠. 소비자가 돌체 구스토를 지속적으로 이용하려면 이 회사에서 나온 커피 캡슐을 꾸준히 구매해야 합니다. 3M의 청소포 역시도 비슷한 구조로 소비자에게 접근합니다. 물걸레나 정전기 청소포를 따로 판매하면서도 이를 활용할 수 있는 막대걸레를 전면에 내세우는 식이지요.

커피숍 프랜차이즈 역시 이와 비슷한 양식을 띠게 됩니다. 처음 지사를 설립할 때 들어가는 비용 이외에도 본사로부터 직접 커피의 재료를 공급받는 것이지요. 이런 안정적인 수익구조는 본사와 지사의 관계를 더 끈끈하게 만들어줍니다. 이전에 한국의 모 커피숍에서 매출을 내기 위해 인테리어 비용을 과도하게 받는 경우가 있었는데, 결국 그 회사는 사업 규모를 축소시킬 수밖에 없었습니다. 고객들은 그 커피숍의 음료에 대한 질을 그다지 높게 평가하지 않고 있지요. 실질적인 것보다 눈앞의 이득에 치중한 결과입니다. 그렇기 때문에 사업을 하는 사람이라면 자신의 이익과 상대방의 이익을 최대한 존중해주면서도 해당 브랜드를 고객에게 꾸준히 알리기 위한 노력이 필요합니다. 이렇게 되었을 때에만 좋은 결과를 만들어 낼 수 있습니다.

기본적으로 이런 방식의 상품구성은 판매자에게 많은 이득을 가져다 줍니다. 가장 큰 장점은 바로 소비 사이클을 줄이고 수익구조를 다원화시킨다는 점일 것입니다. 소비자는 이 회사의 제품을 꾸준히 구매하면서 자연스럽게 해당 제조사에 대한 충성도가 높아집니다. 이후에 진행할 바이럴 마케팅이나 기타 프로모션에 더 쉽게 관심을 갖도록 만들어주기 때문에 이런 작업들은 꽤 중요합니다.

우리는 기업의 이같은 전략을 플랫폼 전략이라고 말합니다. 플랫폼 전략의 핵심은 연관성이 없는 두 개의 사업을 연결시켜 이전에 없었던 획기적이고 안정적인 수입구조를 만드는 것입니다. 앞서 말씀드린 전략과 비슷한 방식을 사용하는 애플의 경우 아이팟과 아이튠즈로 인해 시장의 구조를 새롭게 재편할 수 있게 되었습니다. 애플은 아이팟이 나오고 얼마 지나지 않아 음원을 유통하는 아이튠즈라는 서비스를 실시하면서 곡의 제작자가 70 애플이 30을 가져가는 새로운 수익구조를 만들고 이런 기반을 통해서 아이팟의 판매량을 늘렸습니다(물론 지금은 비슷한 스타일이 많이 생겼습니다). 또한 이를 아이폰, 아이패드에 응용하면서 그 영향력을 더 확대하고 있죠.

최근 기업에서는 이와 같은 '지속가능한 성장'이 이슈입니다. 상생할 수 있는 것을 만들어내는 시스템인 것이지요. 이를 위해서 우리가 해야 할 일은 무엇인가요? 먼저 저는 꾸준히 무엇인가를 만들어 낼 수 있는 역량을 확보해야 된다고 생각합니다. 물론 그것은 내 삶에 도움이 되고 나를 발전시킬 수 있는 무언가가 되어야 합니다. 마약을 지속적으로 만들어 낸다면 이런 형태는 지속가능한 성장이 될 수 없기 때문입니다. 마약을 소비하는 사람들의 몸이 망가진다면 그것은 상생이라 할 수 없습니다.

저는 그렇기 때문에 우리가 플랫폼 전략을 이해하고 이를 자신의 상황에 맞게 잘 적용할 수 있게 되길 바랍니다. 개인의 능력은 모두 다릅니다. 문제는 이 능력을 어떤 방식으로 엮어서 다른 사람들에게 보여주느냐 입니다. 이와 대응되는 속담은 아마 '구슬이 서말이라도 꿰어야 보배다'일 것입니다. 우리에게 아무리 좋은 능력이 있어도 이를 보여줄 수 있는 수단과 방법이 없다면 그 능력은 우리의 인생에 아무런 도움이 되지 않습니다. 내 능력을 하나로 잇는 징검다리, 즉 플랫폼 전략이 중요한 이유는 바로 이 때문입니다.

4

# 몰입은 한계를 부순다

### 🔍 원자폭탄의 아버지, 로버트 오펜하이머

그리스 신화를 보면 프로메테우스라는 신이 나옵니다. 그는 제우스에게서 불을 빼앗아 인류에게 전달한 신으로 나중에 제우스의 분노를 사 독수리에게 간을 쪼아 먹히는 형벌을 당하는 비운의 주인공이기도 합니다. 그가 전한 불은 오늘날 우리에게 다양한 형태로 도움을 주고 있습니다. 만약 불이 없다면 음식을 익히는 것부터, 에너지를 생산하는 것에 이르기까지 전반적으로 삶의 질이 하락될 것입니다. 불이 없는 세상을 상상하는 것은 생각보다 어렵습니다.

미국의 물리학자인 로버트 오펜하이머(하버드 대학교 화학과 졸업)는 그와 많은 점에서 닮았습니다. 그는 전시 조국을 위해 자연으로부터 태양의 거대한 불꽃을 얻어내려는 노력을 진두지휘했던 원자폭탄의 아버지였기 때문입니다. 그의 일대기를 다룬 책인 '아메리칸 프로메테우스'를 보면 그 과정이 자세히 기록되어 있습니다. 오펜하이머는 이러한 임무를 수행하기 위해 맨해튼 프로젝트에서 원자 폭탄의 설계와 실험을 담당한 로스앨러모스의 소장을 맡아 혼신의 힘을 기울였습니다. 그리고 맨해튼 프로젝트 종료 후에는 미국 핵 정책 결정에 중대한 영향을 행사하는 원자력 위원회 자문회의 의장을 맡았죠. 이런 그를 바라보는 사람들의 의견은 크게 2가지로 나뉩니다. 그가 없었으면 원자폭탄을 만들기 힘들었을 것이라는 입장과 그가 한 역할이 미미했을 것이라는 주장으로 말입니다.

인류에게 가장 큰 명예로 여겨지는 노벨상을 만든 알프레드 노벨 역시 비슷한 주제로 다뤄질 수 있습니다. 그가 만든 다이너마이트는 사람들에게 많은 논쟁거리를 불러일으켰습니다. 사람들의 생활을 큰 폭으로 바꾸었지만 (특히 건설의 영역에서) 이 발명품이 전쟁을 통해 사람을 죽이는 용도로 활용될 수 있다는 사실 때문에 많은 비난을 받았기 때문입니다.

믿지 않으실지도 모르겠지만 사실 이런 발명품들은 선한 의도에서 제작되었습니다. 노벨의 경우 사고로 죽는 사람들을 위해 안전한 폭약을 만들어야겠다는 의도가 있었고 오펜하이머의 경우 이 무기가 자신의 나라를 지키는 데 활용되길 원했습니다. 이 무기가 다른 사람들의 이권에 개입하고 세계의 정세를 좌지우지 할 제어장치가 될 것이라는 생각은 하지 못했죠. 그러나 히로시마와 나가사키 원폭 투하가 무력시위의 일환이었다는 사실을 알게 된 이후 그는 수소 폭탄 개발의 반대자의 역할을 충실히 수행합니다. 이상과 현실이 일치하지 않은 사례가 아닐까 생각합니다. 선한 의도가 이권을 탐하는 사람들에 의해 변질된 것이죠. 이후 그는 권력층에 의해 많은 수난을 당합니다. 이는 어찌 보면 당연한 일입니다. 기득권에게 도움이 되는 일을 하지 않았기 때문이죠.

저는 이들이 어떤 방법으로 이런 발명품을 만들어냈는지에 주목했으면 합니다. 어떻게 해서 그들은 이런 엄청난 성과를 낼 수 있었을까요? 저는 그들이 천재였기 때문에 이런 성과를 냈을 것이라고는 생각하지 않습니다. 어떤 천재라 해도 문제가 닥쳤을 때 즉각적으로 해결책을 내놓기는 어렵습니다. 단지 문제 상황에서 새로운 관점을 생각하고 이를 현실화 시키는 능력이 남들에 비해 뛰어나기 때문에 이들이 천재라고 불리는 것이죠.

사실 천재들이 모든 영역에서 뛰어난 것은 아닙니다. 수학에 뛰어난 사람들이 문학에 소질을 보이는 경우는 극히 드뭅니다. 강조하는 영역이 다르기 때문입니다. 수학에서는 논리를 강조하지만 문학에서는 논리보다는 감성과 섬세함이 강조됩니다. 우리는 특정한 분야에서 두각을 나타내는 사람들을 천재라고 생각하며 그들이 모든 영역에서 뛰어난 성과를 낼 수 있을 것이라 생각하지만 이는 큰 착각입니다. 공부를 잘하는 학생이라고 해서 모든 것에 능숙하지는 않습니다. 오히려 평범한 사람보다 떨어지는 부분도 많죠. 그들이 이런 성과를 낼 수 있었던 가장 큰 요인은 아무래도 어떤 목적을 이루기 위해 에너지와 생각을 쏟는 능력이 남들과 달랐기 때문이라고 보아야 합니다. 앞서 언급한 다이너마이트와 핵 역시도 정도는 다르겠지만 비슷한 과정을 통해 세상에 출현할 수 있었습니다.

저는 우리가 천재가 되기 위해서는 무언가에 빠지는 경험을 해야 한다고 생각합니다. 단순히 좋아하는 것을 하면 성공한다는 짧은 문장으로 이를 요약하고 싶지는 않습니다. 무언가에 빠지는 경험, 즉 몰입은 우리의 인생을 극적인 방향으로 바꿀 수 있습니다. 노력하면서 겪은 시행착오는 우리에게 큰 자산이 됩니다. 그것으로 성공하지 못한다 할지라도 말입니다. 무언가에 빠졌던 경험은 인생에 대한 자세를 바꿉니다. 다른 것에 도전할 때도 그 노력은 그대로 나타날 수밖에 없습니다. 이 글을 읽는 여러분들은 무언가에 빠져보았던 경험이 있습니까? 만약 그렇지 않다면 꼭 그런 경험을 해보시길 바랍니다. 무언가를 좋아하여 이를 잘하기 위해 순수한 열정을 기울였던 사람들의 인생은 그렇지 않은 사람들의 것과 질적으로 다릅니다. 저는 로버트 오펜하이머의 인생도 이러했을 것이라 생각합니다. 열정을 쏟으며 이를 바탕으로 좋은 성과를 내는 선순환은 이 시대를 사는 사람들이라면 누구나 배워야 할 훌륭한 가치입니다.

## 🔍 냄비 속에 시계가 들어간 이유는 무엇일까?

한 가지 일에 온 정신을 집중하는 행위를 우리는 몰입이라고 말합니다. 몰입은 에너지를 집중하여 만들어내는 긍정적인 상태입니다. 다른 것에 신경을 쓰지 않고 자신과 자신이 해결해야 할 일이 2가지만 있는 상태이기 때문에 행복감을 느끼고, 이를 해결하면서 자신의 능력을 발전시키는 좋은 기회도 얻을 수 있죠. 인생을 행복하게 살기 위해서 우리는 몰입에 대해 깊이 생각해보아야 합니다.

몰입을 하게 되면 그렇기 때문에 일상적으로 해야 할 것을 자주 잊어버리는 경우가 많습니다. 손님을 맞이하기 위해 음식을 데우는 냄비속에 시계를 넣어두었다가 다시 실험실로 들어가며 손님과 냄비의 존재를 까맣게 잊었던 뉴턴이 대표적입니다. 이 말이 사실인지 아닌지는 우리가 정확하게 알 수 없습니다. 다만 뉴턴이 일을 하는데 있어 얼마만큼 집중했는지를 알아보는 것이라면 이 사건은 좋은 사례가 됩니다.

그럼에도 불구하고 저는 우리가 어떤 일을 할 때 몰입하지 않으면 성공하기 어렵다고 생각합니다. 몰입은 자신의 한계를 부수는 과정입니다. 우리가 가진 능력의 한계 이상을 쓸 수 있도록 도와주는 것은 몰입이 유일합니다. 비록 그 과정이 쉽지는 않지만 몰입을 생활의 일부로 활용할 수 있는 사람들은 다른 사람들보다 훨씬 좋은 성과를 낼 수 있습니다. 우리는 이 사실에 주목해야만 합니다.

다만 저는 어떤 사람이 몰입할 수 있다는 것을 통해 그 혹은 그녀의 열정을 빼앗아 자신의 이익에 활용하려는 행위는 절대 일어나선 안 된다고 생각합니다. 우리는 이런 사태를 흔히 열정노동이라는 말로 표현합니다. 몰입은 행복의 전제조건이 되어야 합니다. 자신이 행복하지 않은 상태라면 몰입이 이루어지기 어렵고 혹 이루어진다 할지라도 그 사람은 행복하지 않습니다. 단순히 수치상으로 계산되는 기계일 뿐이죠. 이런 삶은 그들이 원한 것이 아닐 것입니다.

몰입의 개념을 제안한 칙센트 미하이 교수는 우리에게 몰입은 멀리 있는 것이 아니라고 말합니다. 개인적으로 어떠한 것에 몰입했냐는 질문을 받았을 때 그가 한 대답을 통해 우리는 이를 엿볼 수 있습니다.

"여러 가지가 있었습니다. 10살짜리 꼬마였을 땐 악기를 연주하는 것이었고, 20대 때는 산을 오르는 것이었습니다. 요즘은 수열에서 숫자의 흐름을 지켜보는 데 몰입하고 있어요. 이를테면 파이(π) 수열 같은 것이요. 숫자가 반복되는 듯 반복되지 않는 걸 보면서 묘한 재미를 느낍니다. 어떤 현실을 가장 잘 표현하는 단어는 무엇인지 떠올리는 수사학적 활동에도 몰입하고요. 저는 손자가 6명 있는데, 아이들을 돌보면서 함께 뒷산을 오르는 데도 즐거운 몰입을 경험하는 중입니다."

이런 활동을 일상적으로 하는 사람이라면 자신을 지속적으로 한계에 몰아붙이면서도 힘들다는 사실을 느끼지 못합니다. 쇠를 계속 두드리면 단단해지는 것처럼 우리의 뇌 역시 계속 사용하면 더 발전하게 됩니다. 한계를 부수는 것이죠. 성공하는 사람들은 이처럼 끊임없이 자신을 한계속에 내던지며 스스로의 능력을 시험하고 이를 이겨내며 성공경험을 축적합니다. 자연스럽게 더 나은 방향으로 자신을 이끌고 갈 수 있게 되죠. 우리는 그들의 이런 태도를 배워야 합니다. 아니, 우리가 이들처럼 자신이 몰입할 수 있는 분야를 찾기만 한다면 굳이 배울 필요도 없습니다. 즐거운 마음으로 모든 것을 받아들이며 알아서 흥미를 느끼고 능력을 발전시킬 수 있을 테니까요. 자신을 더 자세히 살피고 미래를 진지하게 고민해야 하는 이유는 이 때문입니다.

5

# 몰입은 세상을 바꾼다

## C 언어 이야기

컴퓨터 프로그래밍을 배울 때 일반적으로 학생들이 가장 먼저 접하는 언어는 C 언어입니다. 컴퓨터 전공자가 아닌 제게도 이 언어는 매우 익숙하게 다가옵니다. 배운 적은 없지만 컴퓨터 관련 업계에서 일하는 친구들이나 후배들에게 자주 듣기 때문입니다. 사람들에게 이 언어는 프로그래밍의 입문이자 개발을 하기 위해서라면 꼭 알아야 할 것으로 인식되고 있습니다.

그렇다면 이 언어는 누가 만든 것일까요? 요즘에는 정보가 발달했으니 인터넷을 치면 쉽게 알 수 있겠지만 저는 호기심이 생겨서 프로그램

개발 관련 일을 하거나 컴퓨터를 전공한 주변의 지인을 대상으로 이를 물어보았습니다. 그들에게 물어본 내용은 C 언어를 개발한 사람이 누구인지 그리고 그가 프로그래밍 업계에서 어느 정도의 위치를 차지하고 있는지의 2가지였습니다.

결과는 충격적이었습니다. 제 지인에게 한정되어 있는 설문이기에 오차가 있을 수도 있겠지만, 제가 물어본 10명 이상의 사람 중에서는 C 언어를 개발한 이가 누구인지 알고 있는 사람이 단 한명도 없었습니다. 정말 중요한 언어임에도 불구하고 정작 만든 사람에 대한 생각은 하지 않는 이 언어가 참 아이러니입니다. C 언어를 만든 데니스 리치는 이 상황에 대해서 어떻게 생각하고 있을까요? 이는 그의 성격에 따라 달라질 것입니다. 만약 명예욕이 있다면 이 상황을 안타까워 할 것이고, 그렇지 않다면 그러러니 하고 넘어갈 지도 모르죠.

데니스 리치(하버드 물리학/응용수학)는 현대 컴퓨터의 선구자로 앞서 이야기한 C 언어와 유닉스를 만든 인물입니다. 우리에게 이 사실이 중요한 이유는 만약 그가 유닉스 운영체제를 만들지 않았다면 전세계에서 사용하고 있는 프로그램과 전자기기 중 상당수를 볼 수 없을 것이란 사실 때문입니다. 이 중 우리에게 가장 잘 알려진 것을 예로 들면 아마 애플의 제품이 아닐까 생각합니다. 사실 매킨토시와 아이폰, 아이패드의 OS는 모두 유닉스 운영체제를 기반으로 만들어져 있습니다.

비슷한 예로 월드 와이드 웹(간단히 WWW - 인터넷 주소창 앞에 치는)이라는 인터넷 표준을 만든 팀 버너스 리를 들 수 있습니다. 월드 와이드 웹은 인터넷에 연결된 컴퓨터들을 통해 사람들이 정보를 공유할 수 있는 전세계적인 정보 공간을 말합니다. 만약 이 사람이 해당 인터넷 기술을 제안하고 만들지 않았다면 우리가 네이버나 구글에서 레포트를 쓰기 위해 비슷한 자료를 찾는 꼼수는 쓸 수 없게 되었을 지도 모릅니다.

사람들의 몰입은 세상을 바꾸는 기발한 발명품을 만들어내기도 합니다. 그 발명품은 눈에 보이는 형식일 수도 있고 앞서 말씀드린 개발 언어처럼 시스템의 형식으로 나타날 수도 있습니다. 허나 이런 발명품은 간단하게 만들어지는 것이 아닙니다. 많은 생각이 녹아야 하고 이를 현실로 실행시킬 집념과 끈기가 있어야 하기 때문입니다. 이를 가능하게 하는 것이 몰입입니다. 몰입을 할 수 있도록 만드는 요소는 2가지입니다. 하나는 일을 좋아하는 열정, 또 하나는 반드시 이루고야 말겠다는 사명감입니다. 사람마다 이 2가지의 요소는 다른 방식으로 나타납니다. 열정이 더 큰 경우도 있고 사명감이 더 큰 경우도 있죠. 아마 데니스 리치의 경우에는 일을 좋아하는 열정, 버너스 리의 경우에는 사람들에게 무언가를 전해주기 위한 사명감이었을 가능성이 높습니다. 저는 우리가 그들의 이런 자세를 배워야 한다고 생각합니다. 지금 보다 더 나은 삶을 살기 위해서는 배움의 끈을 놓지 말아야 합니다. 단순히 학교에서 무언가를 배우기보다는 사람들의 삶을 통해 나아가려는 자세가 더 중요합니다.

## 🔍 스티브 잡스와 데니스 리치

지금 이 글을 읽고 있는 여러분들 역시도 데니스 리치의 영향을 받고 있습니다. 여러분들이 구매한 이 책이 유닉스 기반의 운영체제를 탑재한 태블릿 피시인 아이패드로 쓰여졌기 때문입니다. 사실 노트북이나 컴퓨터로 글을 쓰는 것도 가능하지만, 휴대성에 있어서는 태블릿 피시를 따를 수가 없습니다. 무선으로 연결된 블루투스 키보드 하나만 있으면 나만의 전용 워드프로세서가 생긴 것과 다를 바 없기 때문입니다 (사실 컴퓨터로 작업을 할 경우 딴 짓을 하게 될 가능성이 높습니다). 아마 저는 데니스 리치와 스티브 잡스에게 평생 감사해야 할지도 모르겠습니다. 이렇게 편하게 일할 수 있는 환경을 만들어주었으니 말입니다.

이미 고인이 되긴 했지만 스마트폰이라는 새로운 발명품으로 현대인의 생활을 완전히 바꿔놓은 스티브 잡스는 많은 사람들에게 귀감이 되고 있습니다. 그의 창의력과 리더십, 그리고 프리젠테이션에 대한 수많은 책이 지금까지도 출간되고 있다는 사실이 이를 증명합니다. 그는 간결하면서도 직관적인 디자인과 기능을 구현하기 위해 지독할 정도로 집요하게 이에 몰입했습니다. 자신이 원하는 것을 만들어내기 위한 그 나름대로의 노력이었던 것이죠.

무언가에 빠져있는 사람들의 집중력은 일반인의 그것과 비교할 수 없습니다. 새로운 것을 만들고야 만들겠다는 열망과 이를 사랑하는 마음은 이 목표를 달성하는데 꼭 필요한 원동력이 됩니다. 며칠 밤을 뜬눈으로 지새도 지치지 않고 더 생산적으로 자신의 몸을 움직이고 싶은 마음이 있는 사람이라면 인생을 의미있게 살아갈 수 있습니다. 데니스 리치와 스티브 잡스 역시 그런 인물이었습니다.

이런 그들의 노력은 세상을 바꾸는 큰 축이 됩니다. 그들의 노력을 통해 수많은 사람들의 인생이 바뀌게 되죠. 지금 이 글에서 언급한 사례만 연결해보아도 이는 명백히 드러납니다. 데니스 리치의 유닉스가 없었다면 애플이라는 회사가 설립되지 못했을 것입니다. 애플이 없었다면 스마트폰과 태블릿 피시가 언제 나올지 예측할 수 없습니다. 또한 이런 문명의 이기를 누리지 못했다면 제가 글을 쓰는 일도 없었겠죠. 물론 글을 쓰는 것과 이는 별개의 문제이긴 하지만 간단하게 흐름만 보아도 우리는 무언가가 다른 이들에게 미치는 영향을 쉽게 알 수 있습니다.

그런데 여기서 재미있는 사실이 하나 있습니다. 사람들이 데니스보다는 스티브 잡스를 더 많이 기억한다는 점입니다. 왜 사람들은 데니스보다 잡스를 더 많이 기억하는 것일까요? 저는 결정적으로 이들이 이런 차이를 보인 이유가 몰입의 방향에 있다고 생각합니다. 잡스는 모든 일을 시장과 고객 중심으로 생각했습니다. 고객이 사용하는 제품의 디자인과 인터페이스에 광적으로 집착했다는 것만 보아도 우리는 이 사실을 쉽게 알 수 있습니다. 이런 점에 고객들은 그를 기억할 수 있게 되었습니다. 그러나 데니스의 경우는 약간 다릅니다. 그는 자신이 하는 일 자체에서 즐거움을 찾았습니다. 만약 그가 이 프로그램을 통해 부귀영화를 누리고 싶었다면 프로그램을 만든 뒤 이를 상업적으로 성공시킬 수 있는 다양한 방법을 모색했을 것입니다. 단순히 C 언어를 설명하는 책을 쓴 것으로 끝나지 않았겠죠. 이는 그의 관심이 마케팅 보다는 다른 곳에 있었다는 사실을 의미합니다. 그리고 그는 그곳에서 자신의 즐거움을 찾았습니다.

여러분들은 잡스와 데니스의 삶 중 어떤 것이 더 마음에 드시나요? 아마 대부분의 사람들은 잡스의 손을 들어줄 것입니다. 기왕이면 다홍치마라고 똑같이 좋은 일을 한다면 자신의 업적이 드러나는 것이 좋기 때문입니다. 그러나 그렇다고 해서 데니스의 삶이 의미가 없다고 생각하면 안 됩니다. 비록 잡스만큼 드러나지는 않았지만 우리는 그의 삶을 통해서도 배울 점이 많다는 사실을 깨달아야 합니다. 중요한 것은 내가 어떤 것에 몰입할지를 결정하는 것입니다. 이들이 위대한 인물임에는 변함이 없지만 이 사실이 우리가 그들처럼 되지 못한다는 것을 의미하지는 않습니다. 우리의 인생을 이들처럼 빛나게 만들어봅시다. 좋아하는 일에 집중하며 이를 통해 사람들에게 어떤 것을 줄 수 있을지 항상 고민하는 모습을 통해 우리는 그렇게 될 수 있습니다.

# 6

# 생각의 나래를 펼쳐라



## 신이 없는 세상에서 우리는 어떻게 살 것인가?

우리가 살고있는 세상에는 정말 다양한 종교가 있습니다. 예수님과 성경을 통해 구원을 받으려는 기독교, 부처의 말씀을 따르며 자신의 완성을 위해 노력하는 불교, 알라 신을 섬기는 이슬람교를 포함하여 그 수는 셀 수 없을 정도로 많습니다. 이처럼 많은 종교가 존재하는 이유는 간단합니다. 사람들에게 올바른 것을 알려주고 더 나은 세상을 만들기 위해 필요한 것을 공유하기 위함입니다. 그렇기 때문에 대개 종교가 있는 사람들은 다른 이들에 비해 열심히 그리고 충실하게 살아갑니다. 종교에서 요구하는 이상적인 목적을 실현하기 위해서입니다.

이런 그들의 마음을 이끄는 것은 의심보다는 신념입니다. 내가 믿는 신을 통해 세상에서 아름다운 것을 실현하고 이를 바탕으로 개인과 사회의 조화를 만들어내는 게 그 목적이죠. 종교는 이 목적을 달성하기 위한 방법을 각자의 나름대로 정리하여 체계화했습니다. 우리는 이를 교리라고 부릅니다. 대개 종교의 교리를 잘 따르는 사람들은 사회에서 요구하는 역할을 잘 감당하고 있기 때문에 우리는 이렇게 정해진 규칙에 별다른 의심을 제기하지 않습니다. 이는 어찌 보면 당연한 일입니다. 모든 것이 이상적으로 돌아가고 있는 상황에서 의심을 한다는 건 우리 상식선에서는 있을 수 없는 일입니다.

그러나 아이러니하게도 새로운 생각은 의심으로부터 나옵니다. 기존의 것을 끊임없이 의문을 제기하고 이를 해결하는 과정에서 더 나은 것이 만들어지기 때문입니다. 그런데 어떤 시스템이 잘 돌아가고 있는 환경이라면 무언가를 의심하기란 쉽지 않습니다. 잘하고 있는데 왜 긁어 부스럼을 만드냐는 시선이 가득하기 때문입니다. 사실 무언가를 의심하는 일은 매우 큰 용기를 필요로 합니다.

이런 상황에서 사람들에게 많은 논란거리를 불러일으킬 수도 있는 주제를 언급하고 있는 인물이 있어 소개하고자 합니다. 그의 이름은 제임스 모로. 펜실베니아와 하버드 대학교를 졸업한 재원으로 스스로를 과학적 인문주의자로 칭하며 종교, 인본주의 및 무신론 등을 주제로 작품을 쓰고 있는 작가입니다. 지금 이 시간에 말씀드릴 작품은 바로 기독교 인들로부터 엄청난 논란을 불러일으켰던 ‘하느님 끌기(Towing Jehovah)’ 입니다. 신이 죽은 이후의 세상에 직면하게 된 인물들이 윤리 와 도덕의 측면에서 성숙해가는 모습을 그린 것이 책의 주요 내용이죠.

누군가가 갑자기 울면서 찾아와 “우리의 창조주가 돌아가셨소. 돌아 가시면서 바다로 떨어져 버리셨소”라고 말한다면 우리는 어떤 기분이 들까요? 많은 사람들이 이런 일은 발생하지 않을 것이라 생각하지만 이 책에서는 이미 이런 상황이 벌어졌다는 가정하에 이야기가 전개됩니다. 유일신의 죽음은 누구도 생각하지 못한 문제였으니 사실 작가의 문제제 기는 충분히 파격적입니다.

이 이야기를 들은 인물은 초대형 유조선의 선장이었던 앤서니 반호른 이었습니다. 최악의 기름 유출 사고를 일으킨 다음 자괴감에 빠져있던 그 에게 천사가 찾아와 하느님의 죽음을 알렸던 것입니다. 그리고는 하느님 의 시신을 예인하여 북극의 거대한 빙산 속 얼음 굴에 매장시킬 것을 요 청합니다. 끌어야 하는 하느님의 시체는 머리에서 발끝까지 3200미터였 습니다. 주인공은 기름 유출 사고로 생긴 죄책감을 극복하기 위해 이 임 무를 수행하기 시작합니다.

주인공이 지휘하는 배의 선원들은 천사가 지정한 자리에서 하느님의 사체를 발견합니다. 그리고 몸 여기저기에 닻을 건 다음 지정된 목적지까지 이를 끌기 시작합니다. 그런데 이 시점부터 하느님의 사체를 없애려는 여러 단체들의 움직임이 주인공 일행을 가로막습니다. 무신론자들의 모임 '센트럴 파크 서부 계몽 연맹'이나 그 연맹이 고용한 '제2차 세계대전 재연 협회'가 개입한 것입니다. 하느님의 죽음 앞에서 자유를 찾으려는 이들의 난동도 빼놓을 수 없습니다. 당연히 주인공 일행의 임무는 어려움에 처합니다. 책을 읽으며 이들이 어떤 결말을 맞이하는지 살펴보는 것도 생각의 폭을 넓히는데 도움이 됩니다.

지금까지 살펴본 내용에 의하면 하느님 끌기라는 작품은 충분히 논쟁거리가 될 수 있습니다. 교회에 다니는 사람은 하나님의 존재에 대해서 전혀 의심을 하지 않습니다. 그런데 모로는 이를 과감하게 정리해 버렸으니 그가 이런 비판을 받는 것도 어찌 보면 납득이 갑니다. 다만 저는 그가 이런 발상을 하면서 새로운 것을 논의할 수 있는 기회를 만들었다는 점에서는 긍정적인 평가를 하고 싶습니다. 우리는 어떻게 살아야 할지 항상 생각하며 인생을 보내야 합니다. 나의 미래를 생각하고 그렇게 그려진 미래에 자신만 있는 것이 아니라 스스로의 도움을 받는 다른 사람들도 있어야 하죠.

저는 우리가 이 사례를 통해 사회의 질서가 어떤 방식으로 움직이는지를 생각했으면 좋겠습니다. 단순히 누군가의 정해진 방식을 따르지 않고 독창적인 생각을 통해 새로운 것을 만들어낼 수 있다는 사실을 기억해 주시기 바랍니다. 세상을 선도하는 리더는, 즉 유명한 사람들은 모두 이런 능력을 갖추고 있습니다. 저는 우리가 이들과 같은 능력을 갖출 수 있게 되기를 간절히 바랍니다. 정말 잘할 수 있다는 믿음이 무엇보다도 중요한 때입니다. 지금 사용하는 시스템의 장점을 최대한 파악하면서도 이를 자신의 상황에 효율적으로 활용할 수 있는 방법을 익힐 수 있다면 다른 사람들에 비해 유리한 것들을 많이 확보할 수 있습니다.

## 생각의 나래를 펼쳐라

사실 한국사람 대부분의 생각은 많이 경직되어 있습니다. 이는 위의 지시만을 따르는 한국식 기업문화의 영향이 큽니다. 아무리 좋은 아이디어가 있더라도 상부의 승인이 없으면 이를 제대로 실천하기 힘든 환경이기 때문입니다. 학교에서도 마찬가지입니다. 우리는 학교에서 질문을 하는 법을 배우기보다는 주어진 지식을 받아들이는 일에 더 노력을 기울입니다. 당연히 질문으로부터 이어지는 다양한 생각을 할 기회는 적어질 수밖에 없습니다. 이런 상황에서 우리는 어떻게 해야 할지 갈피를 잡지 못합니다.

저는 이런 상황에서 자신의 생각을 정리하고 이를 세상에서 실천할 수 있는 방법을 찾는 것이 가장 현실적인 대안이라고 생각합니다. 아인슈타인이 말한 바와 같이 우리는 생각하는 사람으로 키워지기보다는 현대사회에서 필요한 기초적인 지식을 갖춘 도구로 양육됩니다. 이럴 경우 업무능력은 뛰어날 수 있지만 스스로 뭔가를 만들어내는 능력은 좋지 않습니다. 요즘은 주어진 일을 잘 하는 사람보다는 창의적인 아이디어를 내는 사람에게 더 큰 이익이 돌아가는 시스템입니다. 물론 이를 받아들일 구조는 아직까지 정착되지 않았죠. 우리가 고민하는 이유도 이 때문입니다.

인생을 살면서 내 아이디어가 중요한 이유는 이것이 궁극적으로 내 인생에 도움이 되기 때문입니다. 아무리 이 아이디어가 내가 소속된 단체나 회사에서 받아들여지지 않는다 할지라도, 이를 완전히 버려서는 안 됩니다. 나중에 전혀 다른 방식으로 내게 도움이 될 수도 있기 때문입니다. 또한 아이디어를 생각하면서 우리가 겪은 다양한 사례들은 다음에 일을 하는데 큰 자산이 됩니다.

다른 사람과 똑같은 길을 가지 않으려면 창의적으로 생각하는 능력이 필요합니다. 창의적으로 생각하는 방법은 다양합니다. 질문을 계속 하면서 의문점을 해결하는 방식이 있을 수 있고, 기존에 없는 것을 생각하는 가운데 새로운 아이디어가 떠오를 수도 있습니다. 아니면 지금 있는 것을 어떻게 하면 더 좋게 만들 것인가를 고민하는 과정에서도 아이디어가 떠오르기도 합니다. 이렇게 떠오른 아이디어를 자신의 생활에 끊임없이 활용하는 사람의 인생은 평범한 이들의 그것과 매우 다릅니다.

자신의 인생을 스스로 개척하고 다른 사람의 평가를 두려워하지 않습니다. 자신이 잘 하고 있는지 아닌지 스스로 가장 잘 알고 있기 때문에 외부의 시선에 강한 모습을 보일 수 있는 것입니다.

그런데 언제부터인지 우리는 자신의 의견을 내놓는 것을 극도로 꺼리기 시작했습니다. 내 것을 내놓는다면 빼앗길 것을 걱정한 탓인지, 아니면 의견이 받아들여지지 않았던 탓인지는 알 수 없습니다. 그러나 저는 의견을 내기 위해 생각하고 이를 바탕으로 자신의 능력이 확장되는 경험을 우리 모두가 해보아야 한다고 생각합니다. 잘 되지 않는 것을 잘 되는 것으로 만드는 과정에서 우리의 두뇌는 많은 활동을 합니다. 여러 가지 방법을 생각하고 그 가운데 가장 맞는 것을 적용하면서 시행착오를 겪고 이런 과정은 온전히 개인의 자산이 됩니다. 하지만 오늘날의 사회구조는 사람들이 겪어야 할 이런 과정을 생략하고 있습니다. 창의력이 중요한 사회에서 이는 매우 안타까운 일입니다. 이 글을 읽는 여러분들은 앞서 말씀드렸던 태도를 버리고, 적극적으로 자신의 능력을 시험하는 사람들이 되셨으면 합니다. 개인을 위해서도 사회를 위해서도 이와 같은 방식이 훨씬 더 생산적이고 도움이 되기 때문입니다.

7

# 몰입은 통섭을 가능하게 한다

## 그는 언어학자인가, 사회 운동가인가?

서양어문학(영어, 독일어, 프랑스어 등)을 전공하는 사람이라면 꼭 한 번씩 듣게 되는 이름이 있습니다. 바로 변형생성문법의 창시자인 노암 촘스키(하버드 주니어 펠로우 장학생)입니다. 예술 및 인문학 인용 색인 (A&HCI)에 따르면 촘스키는 1980년부터 1992년의 기간동안, 생존해 있는 학자들 중에서 가장 많이 인용되었으며, 역대 인물 중 여덟 번째로 자주 인용되는, 그야말로 성공한 학자의 표본이라 할 수 있습니다.

또한 그는 그의 명성에 개의치 않고 사회의 공익을 위한 바른 소리를 하고 있는 인물로도 유명합니다. 그가 언어학자로 쌓은 명성은 대단한 것입니다. 굳이 다른 활동을 하지 않아도 연구자로서의 위상을 평생 유지할 수 있을 정도로 그가 주장한 내용의 학술적인 가치는 대단한 것이죠. 그럼에도 불구하고 이런 그의 쌓은 지위를 잃어버릴 위험을 감수하면서 사회적 활동을 한다는 사실은 그가 품은 인본주의적 가치가 어떤 것인지 잘 보여주는 지표라 할 수 있습니다.

그가 이런 행동을 하는 원인을 파악하기 위해서는 무엇보다도 그가 어떤 생각을 하고 있는지 이해해야 합니다. 우리가 알고 있다시피 언어는 힘과 논리에서 자유로울 수 없습니다. 말을 할 때 논리성을 갖추지 못하면 이는 다른 사람들에게 큰 힘을 발휘하지 못합니다. 사실 이런 의견이라면 세상의 모든 것은 논리에 의해 움직여야 합니다. 하지만 실제로는 그렇지 않죠. 우리는 이것을 불의라고 부릅니다. 촘스키가 목소리를 높이는 부분도 바로 이점입니다. 촘스키는 권위주의적인 국가를 비판하고, 자본주의의 세계적인 추세인 신자유주의에 대해서도 비판의 목소리를 높입니다. 이런 그의 생각은 그가 집필한 '패권인가, 생존인가 - 미국의 세계전략과 인류미래' 라는 책에 자세히 기록되어 있습니다. 이런 그의 행동 때문인지 그는 언어학자로서도 사회운동가로서도 명성이 높습니다. 두 분야가 전혀 다른 것임에도 불구하고 그가 이런 명성을 쌓은 것은 참 신기한 일입니다.

저는 그가 이런 행동을 할 수 있었던 원인으로 그가 가진 생각을 말씀드리고 싶습니다. 그가 언어학을 통해 갖고 있던 생각과 살면서 경험했던 모든 것들이 그가 사회운동을 하도록 만들었을 것입니다. 사실 따지고 보면 우리의 생각 중 쓸모없는 것은 없습니다. 다만 제대로 표현이 되지 않았기 때문에 잠들어 있는 것이라고 생각하는 게 훨씬 더 일리 있습니다. 위대한 아이디어는 큰 것에서 시작되지 않습니다. 누구나 생각할 수 있을만큼 쉬운 것이지만 이전까지는 없었던 것이죠. 우리의 생각 역시 이와 같은 형태로 우리의 머릿속에 잠들어 있습니다.

이는 앞서 이야기한 외국어에도 그대로 적용될 수 있습니다. 우리가 영어를 못하는 이유는 학습자가 영어적 지식이 없어서 그런 것이라기보다는 그가 갖고 있는 영어적 지식을 하나로 연결할 수 있는 역량이 부족하기 때문이라고 보는 것이 맞습니다. 우리나라의 경우라면 아마 말하기 능력이 될 것입니다. 그렇다면 이 부분에 집중하는 것이 당연히 옳은 방법이 될 것입니다. 그렇게 되면 이전에 갖추었던 능력들이 시너지 효과를 내면서 개인의 역량을 강화하는데 큰 역할을 감당하게 됩니다.

이처럼 개인이 갖고 있는 생각과 역량을 합쳐 이전보다 더 나은 것을 만들어내는 능력이 발전하면 전혀 상관이 없는 분야의 것들도 자신에게 도움이 되는 방향으로 설계할 수 있게 됩니다. 사람들은 흔히 이런 능력을 일컬어 통섭이라고 말합니다. 사실 주변을 살펴보면 전혀 상관없는 분야를 연결했을 때 시너지가 나는 경우가 더 많다는 사실을 발견할 수 있습니다. 그 이유는 간단합니다. 독창적이기 때문이죠. 내가 갖고 있는 것과 다른 사람이 갖고 있는 것은 엄연히 다릅니다. 살면서 겪은 내용도 차이가 있습니다. 그러니 내가 갖고 있는 생각과 능력을 효과적으로 발휘할 수 있다면 이것만으로도 우리는 큰 경쟁력을 갖출 수 있습니다. 남들이 다하는 스펙 쌓기에 몰입하지 않아도 말입니다. 스펙은 쌓아도 이길 수가 없는 제로섬 게임입니다. 편의점에서 아르바이트를 하고 있는 학생이 히말라야 셰르파와 함께 등정을 한 학생의 경험을 이기긴 어렵습니다. 이들과 다른 방식으로 접근하는 것이 훨씬 낫죠. 통섭은 이런 면에서 도움이 됩니다.

나루케 마코토가 지은 '책 10권을 동시에 읽어라'를 보면 통섭 능력을 키우기 위해 필요한 것으로 다양한 주제를 한꺼번에 접하는 일의 중요성을 알 수 있습니다. 그가 주장하는 바는 간단합니다. 사람의 두뇌는 의외성이 있어서 다른 주제의 것을 꾸준히 접하게 되면 뇌가 이를 바탕으로 새로운 아이디어를 내놓기 때문에 학습이나 업무의 생산성이 오른다는 것이죠. 저는 큰 범위 내에서는 그의 의견에 동의합니다.

다만 저는 우리가 이런 능력을 갖추기 위해 어떤 조건들을 더 갖추어야 할지 생각해보았으면 합니다. 저는 우리가 다른 분야의 것들을 융합하는 능력을 갖추기 위해서는 기존의 내 분야에서 노력하고 이를 통해 무언가를 이룩한 경험이 있어야 한다고 생각합니다. 예를 들면 이렇습니다. 외국어를 잘하는 사람이 리플렛 광고를 만든다고 가정해봅시다. 일반적으로 누군가가 외국어를 잘하기 위해서는 단어를 잘 말할 수 있어야 하고 이를 문장으로 올바르게 표현할 수 있어야 하며, 이를 논리적인 관계로 잘 묶어낼 수 있어야 합니다. 그 가운데 다른 사람들을 이해시킬 수 있는 문화적 지식이 있어야 하겠죠.

광고의 경우도 이와 비슷할 것입니다. 광고에서 가장 중요한 것은 고객의 관심을 불러일으킬 아이디어입니다. 이를 핵심 단어로 표현하고, 핵심 단어가 포함된 문장(슬로건)을 씁니다. 그리고 이렇게 만들어진 슬로건을 활용하여 전체적인 광고의 디자인과 분위기를 결정하죠. 이루어야 할 목적은 두 가지가 모두 다르지만 방법적인 측면에 있어서는 많은 부분이 유사합니다. 주위를 잘 살펴보면 촘스키뿐만 아니라 이런 능력을 갖고 있는 사람들의 수가 많을 것입니다. 그들의 공통점은 모두 한 분야에서 노력하여 얻은 내공을 바탕으로 다른 일에 도전했다는 것입니다. 한 분야에서 자신이 원하는 바를 이루기 위해 필요한 것은 노력입니다. 노력을 가능하게 하는 것은 이에 빠져들 수 있도록 하는 열정과 몰입경험이죠. 우리는 이 사실을 꼭 기억하고 스스로의 인생에 이 원리를 적용할 수 있도록 해야 합니다. 그렇게 하면 다른 사람들과 다른 자신만의 아름다운 인생을 누릴 수 있게 될 것입니다.

언제부터인지 연예계에서는 만능 엔터테이너라는 말이 유행하기 시작했습니다. 오래 전에 연예인들은 자신들의 영역이 분명했습니다. 연기면 연기, 노래면 노래, 춤이면 춤 등 전문성을 갖추고 자신만의 영역을 구축했던 것이죠. 연기를 하는 사람이 노래나 춤을 한다는 것은 이전에는 상상도 못하던 일이었습니다. 거의 진입이 불가능했죠.

그런데 요즘은 이전과 상황이 많이 변했습니다. 요즘은 노래와 연기를 동시에 하는 연예인이 많습니다. 가수를 하다 연기를 하는 경우도 있고 스포츠스타가 노래를 하기도 합니다. 연예계에서 특정 영역에 대한 경계가 사라지고 있는 것이죠. 이는 좋은 현상일까요? 아니면 나쁜 현상일까요?

저는 먼저 이런 현상이 긍정적이라고 생각합니다. 지변을 넓히고 새로운 생태계를 만들어 낸다는 점을 살펴볼 때 세상의 모든 것은 변하기 때문입니다. 예전에는 연예계를 포함하여 모든 영역에서 하나의 전문가를 요구하는 구조였지만 지금은 이전에 비해 상황이 많이 달라졌습니다. 자신의 영역은 당연히 잘해야 하고, 이에 잘하는 것이 하나 더 있어야 경쟁력이 생기기 때문입니다. 요즘 청년들이 힘든 이유가 이 때문입니다. 시간은 부족한데 갖추어야 할 것은 많습니다.

그런데 이런 상황이 순기능만 있는 것은 아닙니다. 만약 오랫동안 훈련하며 내공을 갖추지 않은 상태에서 다른 영역에 섣불리 도전했다가는 지금까지 쌓아놓은 기반을 송두리째 날려버릴 위험성도 있기 때문입니다. 하지만 거의 대부분은 처음에 서투른 모습을 보이다가도 금세 새로운 영역에 적응하는 모습을 보입니다. 이들은 어떻게 해서 이처럼 어려운 일을 해낼 수 있는 것일까요?

저는 원인을 그들의 몰입경험에서 찾고 싶습니다. 가수의 경우를 예로 들어보겠습니다. 한국의 아이돌 가수들 대부분은 연습생 시기를 거쳐서 데뷔합니다. 우리에게 익히 알려진 바와 같이 연습생 시절에는 배고프고 힘든 상황을 많이 경험합니다. 그 가운데서 열심히 자신의 능력을 발전시킨 사람들에게 데뷔의 기회가 주어지는 것이죠. 데뷔를 하기 위해 연습생들은 피나는 노력을 해야 합니다.

제가 강조하고 싶은 것은 피나는 노력보다는 이들이 실력이 없던 연습생에서 멋진 가수가 되기까지의 과정을 몰입하며 체험해보았다는 사실입니다. 능력이 없는 상태에서 자신의 힘으로 무언가를 성취해 본 경험이 있는 사람은 다른 영역에서도 이전까지 했던 방식을 통해 성공 경험이 없는 일반인들에 비해 상대적으로 빠른 속도로 적응할 수 있습니다. 처음부터 자신이 능력이 없다는 사실을 쿨하게 받아들이고 부족한 부분을 보완하기 위해 필요한 노력을 기울입니다. 결국 대중에게 인정받아 제2의 영역을 확고하게 굳히게 되죠.

　이런 능력을 지닌 연예인들은 대부분 자신이 앞으로 어떤 인생을 살아야 할지 많이 고민합니다. 그들의 고민을 정확하게 알 수는 없습니다. 돈을 어떻게 벌어야 할지를 고민하는 분들도 있을 것이고, 대중들에게 어떻게 기억되고 싶은지를 고민하는 사람도 있을 것입니다. 우리 역시도 비슷한 주제로 많이 고민해보아야 합니다. 그래서 자신의 인생에 대한 청사진을 그릴 수 있어야 하죠. 만약 우리가 이들 연예인처럼 무언가에 성공해 본 경험이 있다면 그 경험은 우리에게 큰 자산이 됩니다. 만약 그렇지 않다면 우리는 무언가에 몰입하여 성과를 내기 위해 온 힘을 기울여야 합니다. 그렇게 힘들게 고생하며 얻은 경험은 무엇과도 바꿀 수 없는 소중한 자산입니다. 이런 자산이 있어야 지금 나의 전문 영역과 다른 영역에서의 장점을 합치는 통섭이 가능해집니다.

8

# 자신의 경험을 융합하라

## 쓸모없는 경험은 없다

만약 우리가 대학교를 다니다 갑자기 전공을 전혀 관련이 없는 과목으로 바꾼다면 주변에서 어떤 반응을 보일까요? 아마 커리어가 깨졌다며 비난할 사람들이 많아질 것입니다. 회사에서 이직을 할 때도 마찬가지입니다. 가급적이면 같은 업종의 회사에서 오래 일한 사람들이 전문성을 인정받죠. 그렇기 때문에 대학교 때에 전공을 갑자기 바꾸는 건 일반적인 시선에서 봤을 때 그다지 좋은 선택이 아니라는 생각이 지배적입니다.

특히 우리나라에서는 자신의 좋지 않은 학벌을 대학원에 진학하면서 감추려는 성향이 있는데 이러한 행위는 학벌세탁이라는 이름으로 불리며 폄하받는 경우가 많습니다. 일례로 모 대학교에서는 그들 학교의 학부를 졸업한 사람이 아닌 경우에는 게시판 사용을 제한하기도 하죠. 어찌되었던 우리나라에 사는 사람들에게 전공을 바꾼다는 것은 특별한 경우가 아니면 큰 모험입니다. 다양한 가능성을 생각하고 도전해야 하기 때문에 많이 고민해야 하기 때문입니다.

하지만 저는 이런 상황에서 그들의 미래가 어떤지에 대한 조사 정도는 해보아야 한다고 생각합니다. 새로운 도전을 하는 사람들의 미래가 어떻게 바뀌는지에 대한 사례를 살펴볼 수 있다면 우리가 앞으로 선택할 많은 분야에서 참고사항으로 삼을 수 있기 때문입니다. 우리가 살면서 실수를 하는 이유는 여러 가지가 있겠지만 그 중에서도 가장 큰 것은 다른 사람들의 경험을 통해서 배우지 못하는 폐쇄적인 자세입니다.

저는 이에 해당되는 가장 대표적인 사례로 스콧 터로를 들고 싶습니다. 앰허스트 대학에서 문학을 전공하고 스탠포드 대학교의 창작문학대학원에서 석사학위를 마친 그의 미래를 생각했을 때 우리의 머릿속에 가장 먼저 떠오르는 것은 아무래도 시인이나 소설가일 것입니다. 그리고 실제 그의 직업 역시 소설가입니다.

그런데 여기서 그와 다른 소설가의 차이점을 극명하게 드러내는 대목이 있습니다. 대학원에서 석사학위를 마치고 그가 새롭게 진학한 곳이 하버드 대학교 로스쿨이었기 때문입니다. 졸업 이후 그는 실무 법조인으로 일을 하게 되죠. 그가 쓴 소설 역시도 대학원 진학 이후 익힌 전문지식인 법과 관계가 있습니다. '무죄추정', '입증책임', '유죄인정' 등의 소설이 바로 그의 대표적인 작품이죠. 그의 작품은 20여 개의 언어로 번역되었고, 전 세계적으로 2,500만권이 팔렸으며 영화로도 제작되기까지 했습니다. 사람들의 평범한 기준으로 놓고 볼 때 그는 성공한 사람입니다. 법조인이라는 직업이 있는데다 소설가로서도 명성을 누리고 있기 때문입니다.

이러한 그의 행동은 우리의 상식선에서는 그다지 경쟁력이 없을 것이라 판단됩니다. 학부시절엔 문학을 전공했는데 갑자기 로스쿨로 진학했다는 사실은 많은 것을 시사합니다. 자신이 배운 문학이 직업을 가질 때는 쓸모없다고 생각해서 로스쿨을 선택했을 수도 있고, 아니면 지금까지 문학을 배워보니 자신의 적성에 맞지 않는다고 생각해서 새로운 길을 찾았던 것일 수도 있죠. 우리가 그의 생각을 들여다 볼 수 없기 때문에 그가 다른 것을 전공한 이유는 정확하게 알기 어렵겠지만, 그가 자신의 인생을 깊이 생각했을 것이라는 추측은 해볼 수 있습니다.

그의 성공이 확실히 이례적이지만 우리는 이 사실을 통해 '전공을 바꾸면 성공할 수 있다' 라는 생각을 하지는 않았으면 좋겠습니다. 기본적으로 자신이 배운 것을 내려놓고 다른 분야에 도전한다는 것은 엄청난 용기와 노력을 필요로 하는 일입니다. 그것들을 모두 감당하지 못한다면 전공을 바꾼 것은 아무런 의미가 없습니다. 다만 저는 자신이 가진 자원을 효율적으로 잘 활용했던 스콧의 자세를 우리가 배웠으면 하는 바람이 있습니다. 그가 작가로서 성공할 수 있었던 가장 큰 원인은 장르의 차별화입니다. 장르의 차별화를 위해 그가 사용한 전략은 자신이 몸을 담고 있는 법조계의 전문지식이었습니다. 그는 이를 바탕으로 다른 작가들과 다른 주제를 바탕으로 독자들의 흥미를 끌면서도 전문성 있는 글을 쓸 수 있었고 결국 이는 성공으로 이어졌습니다.

물론 스콧 터로는 1949년 생이기 때문에 21세기를 살고 있는 우리에게 적용할 수 있는 부분이 적을 수도 있습니다. 또한 그가 나온 대학교가 명문대이기 때문에 이런 결과를 낼 수 있었을 것이라 여기는 사람도 있을 것입니다. 허나 저는 우리가 이런 사례를 통해 배워야 한다는 점만큼은 확실히 하고 싶습니다. 그의 사례가 어떠한 방식으로든 인생에 도움이 될 수 있다면 우리는 이를 적극적으로 배워야 합니다. 폐쇄적인 태도는 자신을 좀먹는 가장 큰 적입니다. 스콧 터로 역시 자신이 가졌던 문학적인 재능에 대한 부분을 포기하지 않았기 때문에 장르소설가로 성공할 수 있었습니다. 또한 자신에게 부족했던 것을 전문적인 지식과 융합하며 보완하는 모습을 보여주었기 때문에 이전과 다른 인생을 누릴 수 있었죠. 우리에게도 이런 일이 일어날 수 있다는 사실을 깨닫지 않으면, 우리의 인생은 이전과 같이 특별한 사건 없이 편안하게 흘러갈 것입니다. 물론 이는 우리에게 매우 손해되는 일입니다. 자신의 경험과 재능을 숨기지 말고 어떠한 방식으로든 드러내려 노력해보시기 바랍니다. 저는 이런 노력이 결국 자신에게 큰 도움이 될 것이라 확신합니다.

## 내 경험과 지식을 공유하라

주변을 잘 살펴보면 우리는 이와 비슷한 사례를 발견할 수 있습니다. 미국의 의사이자 베스트셀러 작가로 의학 스릴러라는 장르를 창시한 로빈 쿡이 대표적인 예입니다. 그는 탄탄한 구성을 기반으로 쓰여진 '코마'를 기반으로 하여 '브레인', '죽음의 신', '돌연변이', '아웃브레이크' 등의 뛰어난 작품을 쓰며 대중의 사랑을 받았습니다. 그의 작품이 주로 이야기하고 있는 것은 의학계의 지적 우월주의가 낳은 괴물을 통해 바라본 현대사회의 문제점입니다. 의사로서의 경험이 반영되었기 때문에 중간 중간 나오는 과학적, 의학적 지식은 독자들의 몰입감을 더 높여주는 요소로 작용합니다.

그의 사례는 스콧과 마찬가지로 자신의 직업이 제2의 확장성을 갖게 된 이상적인 사례입니다 (둘 다 하버드에 적을 두고 있다는 점도 눈여겨볼만 합니다). 의사로 활동하면서도 베스트셀러 작가가 된다는 것은 따지고 보면 쉬운 일이 아닙니다. 그가 이런 영광을 누릴 수 있게 된 가장 큰 이유는 그가 쓴 소설의 주제가 자신이 가장 잘하는 분야였던 의학과 관련이 있었기 때문입니다. 의학적인 지식을 정리하면서도 이를 재미있고 박진감있는 방식으로 풀어낼 수 있었기에 이런 성공을 할 수 있었던 것이 아닐까 생각합니다.

좋아하는 것을 글로 쓰는 일과 전혀 새로운 것을 글로 만들어내는 일의 난이도는 천지차이입니다. 자기소개서를 쓸 때 우리도 이와 비슷한 경험을 합니다. 자신의 인생을 사랑하고, 다른 이들에게 이야기할 것이 많은 사람들의 경우 글을 쓰는 것이 그리 어렵지 않기 때문에 내용을 줄이고 완성도를 높이는데 시간을 쓰지만 그렇지 않은 경우 없는 이야기를 억지로 만들어내야 합니다. 자소설이라고 불리는 글은 이렇게 탄생합니다. 우리가 알고 있는대로 이렇게 쓰여진 글은 거의 대부분 전형 과정에서 버려집니다.

자신이 잘하는 혹은 좋아하는 분야에 집중하면 다양한 방식으로 자신의 재능을 뽐낼 수 있습니다. 한 가지로만 무언가를 하려는 요즘같은 시대에 우리가 주목해야 할 부분이 바로 여기에 있다고 생각합니다. 물론 한 가지만 잘해도 인생에서 성공할 수 있습니다. 다만 그 일을 언제까지 할 수 있을 것인지에 대한 진지한 고민은 필요합니다. 앞서 말씀드린 로빈 쿡의 경우 그가 언제까지 의사생활을 할 수 있을지는 아무도 모릅니다. 특히 외과의사의 경우 손이 쉽게 무뎌지기 때문에 은퇴가 빠를 수 있습니다. 그러나 글을 쓰는 것은 이와는 전혀 다른 문제입니다. 수술을 하고 환자를 보는 것과는 다른 방식으로 에너지를 사용하기 때문에 의사보다는 직업의 생명이 더 길기 때문입니다.

저는 우리가 인생을 살면서 경험한 부분을 어떻게 하면 삶에 녹여내고 이를 통해 자신의 꿈을 실현할 수 있을지를 끊임없이 고민해야 한다고 말씀드리고 싶습니다. 카카오톡을 만든 김범수 대표의 경우 서울대학교를 나왔음에도 불구하고 게임에 빠져 문제라는 지탄을 받았지만 자신이 잘하는 것으로부터 시작하여 인터넷 연결경제를 창출해 냈습니다. 이는 온전히 그만이 생각할 수 있는 서비스였으며 또한 자신이 가장 잘하는 분야이기도 했습니다. 우리 역시 그와 같이 될 수 있습니다. 문제는 이를 실행할 능력입니다. 머릿속에 생각만 갖고 있다고 해서 성공이 보장되는 것은 아닙니다. 몸을 움직이고 결과를 만들어내야 이로부터 발전할 수 있기 때문입니다.

이 두 사례는 모두 자신의 재능이 글이라는 형태로 융합된 사례입니다. 그러나 자신의 생각을 표현하는 방식이 글만 있는 것은 아니기 때문에 우리는 다양한 형식의 작품을 접할 것입니다. 음악, 연극, 발명품, 시스템 등 그 종류도 다양할테죠. 제가 말씀드리고 싶은 것은 세상에는 쓸모없는 경험이란 없다는 사실입니다. 그 시간을 열심히 보냈다면 어떤 경험이든 삶에 도움이 됩니다. 오히려 이런 경험들이 자신을 더욱 돋보이게 만들어주죠. 똑같은 분야에서 무언가를 체험했다 해도 그 가운데서 느끼는 점은 모두 다릅니다. 당연히 이를 표현하는 방식 역시 달라질 수밖에 없습니다. 자신의 고유한 경험을 삶에서 녹여내는 방법이 무엇인지 끊임없이 고민해주시기 바랍니다. 그렇게 했을 때 우리의 인생은 평범한 사람들보다 많은 면에서 앞서 갈 수 있게 될 것입니다.

# Chapter 4

# 하버드 도서관,
# 내 꿈을 움직이는 에너지

# 1
# 모방보다는 내 것을 소중히 하라



## 공부의 배신, 이전까지의 믿음은 틀렸다

아이가 말이나 예절을 배울 때 가장 중요한 사람은 바로 부모입니다. 아이가 새로운 것을 배우는 방식은 카피, 즉 따라 하기입니다. 엄마가 하는 말을 따라하고 아빠가 하는 행동을 살펴보며 자신이 어떻게 움직이고 말해야 할지를 습득합니다. 만약 부모가 이 상황에서 아이에게 안 좋은 모습을 보여준다면 아이에게도 그 영향이 미칩니다.

비록 아이가 무언가를 배우는데 카피가 탁월한 효과를 발휘하지만 그것이 성인에게도 그대로 적용되는 것은 아닙니다. 단순히 새로운 사실이나 기존의 지식을 받아들이는 데에는 카피나 암기가 유용하지만 다른 영역의 학습에서는 이 두 가지 능력은 그다지 필요하지 않습니다. 오히려 스스로 생각하고 질문을 던지는 능력이 더 필요하죠. 기존의 것에 의문을 제기하지 않고 무작정 주어진 것을 따라하고 습득한 사람들은 이러한 방식의 학습을 매우 어려워합니다.

상대성 이론을 발견한 아인슈타인은 이런 상황을 '지식만을 익히는 것은 잘 훈련된 개와 같다' 라는 말로 비판합니다. 그는 사람들에게 중요한 것이 지식보다는 스스로 생각하고 세상을 바라보는 능력이라고 강조했습니다. 책을 읽으며 자신의 미래를 생각하고 인생의 목적을 찾아 그에 맞는 삶을 사는 일이 우리에게 중요하다는 말도 덧붙였습니다.

이런 그의 견해는 2015년 5월에 출간된 윌리엄 데레저위츠의 '공부의 배신' 에서도 찾아볼 수 있습니다. 공부의 배신은 하버드를 포함하여 미국 내의 명문대에 재학중인 학생들 중 상당수가 스스로 판단할 수 없는 '똑똑한 양떼' 라는 사실을 지적합니다. 미국 하버드대에서 복수전공을 하고, 스포츠와 악기에 능하여 능력자라고 불리는 사람들조차도 이 논리에서 자유롭지 못합니다.

사실 이런 상황에서 가장 큰 문제가 되는 것은 이런 엘리트들이 사회의 지도층이 되었을 때 벌어지는 전반적인 상황입니다. 이들은 스스로 판단하지 않고 기존의 것을 그대로 답습하며 공부하는 방식으로 지금과 같은 성과를 일구어 냈습니다. 그러나 사회의 지도층 정도의 위치가 되면 이전의 지식이 아니라 스스로 판단하고 이를 통해 더 나은 결과를 만들어내야 하는 상황에 자주 처합니다. 이런 부분에서 전혀 훈련되어 있지 않은 엘리트들이 어떤 선택을 하게 될지 정말 궁금해집니다. 사람의 성향에 따라 달라지긴 하겠지만 아마 이들의 선택은 그다지 바람직하지 못할 것입니다. 해보지 않았기 때문이죠. 또한 이런 그들의 성향이 사회적 우월주의로 나타날 가능성도 있습니다. 아시다시피 이런 사상은 매우 위험합니다. 세계대전 시기에 히틀러가 그 많은 유태인을 학살한 원인도 바로 인종차별주의 때문이었습니다.

저는 빵틀에서 찍어낸 빵처럼 모두가 동일한 사고를 하는 사회는 미래에 성공할 수 있는 가능성이 낮다고 생각합니다. 사회가 이상적인 방향으로 발전하려면 어떠한 의견에 반대되는 것을 제시하고 이를 더 나은 방향으로 발전시킬 수 있어야 합니다. 물론 이 과정에서 필요한 것은 자신만의 확고한 주장입니다. 근거가 충분하지 않다면 그 주장이 거절될 수도 있지만 자신의 주장을 관철시킨다는 것 자체는 큰 의미가 있습니다. 지금까지 우리는 자신의 의견을 효과적으로 전달할 매체를 갖지 못했습니다. 애석한 일입니다.

올바른 방식으로 공부를 시작하기 위해 필요한 것은 현상에 의문을 갖는 일입니다. 어느 정도 수준에 오르기 위해서는 모방이 필요하지만 그 이상으로 넘어가기 위해서는 모방이 아닌 창조가 필요합니다. 창조는 순수한 의문과 호기심에서 시작합니다. 주변의 상황을 조금씩 개선하려는 노력이 발명이라는 결과물로 나타날 때 그가 느끼는 희열은 단순한 지식을 암기했을 때 느끼는 것과 질적으로 다릅니다. 우리가 만약 이런 경험을 많이 했다면 세상은 조금 더 바뀌었을지도 모릅니다.

## 🔍 서울대에서는 누가 A+를 받는가?

그렇다면 우리나라의 교육은 어떤 방식으로 진행되고 있을까요? 애석하게도 우리나라에서도 이와 비슷한 상황이 벌어지고 있습니다. 창의성을 강조하는 교육보다는 이전에 진행했던 강의식 수업이 줄지 않고 성행하고 있죠. 우리나라 최고의 대학이라 불리는 서울대에서도 이런 현상은 똑같이 발생합니다. '서울대에서는 누가 A+를 받는가' 라는 책을 통해 우리는 이 사실을 자세히 확인할 수 있습니다.

강의식교육의 폐해가 가장 극단적으로 나타나는 형태는 바로 시험대비전략입니다. 서울대학생들이 시험 대비를 하는데 가장 중요하게 생각하는 것은 노트필기입니다. 노트에는 강연내용, 신변잡기 등을 포함하여 수업시간에 교수가 말한 모든 내용이 기록되어 있습니다. 이를 자신의 머리에 기억하기 위해 2차적으로 노트를 정리하고 그 과정에서 교수의 견해를 정확하게 암기하게 되면 고득점을 받을 수 있기 때문에 그들에게 있어 노트는 누구에게도 빌려주지 않는 보물 1호입니다. 대학생이 되었기 때문에 고등학교식의 수업을 거부하고 창의적인 의견을 제시했던 학생들의 성적표는 그다지 좋게 나오지 않았습니다. 시험을 잘 보기 위해서는 교수의 말을 100% 똑같이 쓰고 외워야 합니다.

입시 경쟁을 통해 획일화 된 교육을 받고도 모자라 대학교에서까지 개인의 의견을 말하기 어려운 교육환경 때문에 한국의 교육 시스템은 태생적으로 창의력 있는 인재를 양성하는데 맹점이 있습니다. 게다가 이런 방식으로 공부를 잘하는 학생들의 미래가 확실하게 보장된 것도 아닙니다.

EBS에서 방영된 다큐멘터리인 '공부 못하는 아이' 에서는 이 문제를 심층적으로 살펴보기 위해 수능을 본지 10년이 지난 학생들 중 경제적 안정을 비롯한 삶의 행복 지수 5가지에 만족도를 보인 상위 20%의 그룹을 분석하였습니다. 결과는 상당히 흥미로웠습니다. 상위 20%의 대부분이 수능에서 좋은 성적을 거두지 못했던 것입니다. 입시 경쟁에 과도하게 내몰리며 높은 성적을 유지한 학생들보다는 공부를 조금 못하더라도 부모님으로부터 정서적인 지지를 얻었던 그룹이 삶의 만족도가 높았던 것이죠. 그럼에도 불구하고 좋은 대학교에 진학하기 위해 과도한 입시경쟁을 벌이는 사람들의 모습을 보면 많은 생각이 듭니다.

고등학교 시절 전과목 낙제점을 받아 성적 미달로 중퇴했던 이력이

있는 하버드대 교육 대학원의 토드 로즈 교수는 우리가 알아야 할 표준
에 대해 다음과 같은 견해를 밝혔습니다.

'4000명의 비행기 조종사들을 측정해 보니, 이른바 비행기 조종사의 전
형이라 불리는 수치에 딱 맞는 사람은 단 한 명도 없었다. 교육도 이와 마
찬가지라 할 수 있다. 사람들이 생각하는 평균은 사실 존재하지 않는다.'

교육의 역할은 개인의 잠재력을 최대한으로 발휘하여 세상에서 살아
가기 위한 기반을 마련하도록 돕는 것입니다. 그렇기 때문에 교육의 이
상적인 방향은 각자의 상황과 좋아하는 분야에 맞게 맞춤형으로 설계되
어야 합니다. 현재 교육이 이를 충족시켜주지 못하고 있다면 우리 스스
로 이런 자세를 갖고 무언가를 배울 때 편견을 갖지 말아야 합니다. 내
가 익힌 지식은 미래의 나를 먹여 살릴 소중한 자산이 됩니다. 이 능력
이 다른 사람들보다 우월해지려면 같은 방식을 활용하기보다는 개성을
살리는 것이 훨씬 유익합니다. 모방만으로는 한계가 있습니다. 자신의
가치를 소중히 하고 개인의 능력을 끊임없이 향상시키도록 합시다. 그
것이 우리가 이 세상에서 살아남는 현명한 전략입니다.

2

# 나만의 플랫폼을 만들어라

## 하버드 중퇴자가 성공하는 이유는?

페이스북을 설립한 마크 저커버그, 마이크로소프트의 창업자인 빌 게이츠의 공통점은 모두 하버드 대학교를 중퇴했다는 것입니다. 그러나 사람들은 그들이 대학교를 중퇴했다는 것에 크게 개의치 않습니다. 실제로도 그들이 이뤄낸 성과는 엄청난 것입니다. 빌 게이츠의 경우 전세계 컴퓨터의 표준을 만들었다고 해도 과언이 아닐 정도로 PC 영역에 대해 탁월한 역량을 자랑했고, 저커버그는 전 세계의 사람들을 파란색 화면 안에 집중하도록 만들었습니다. 사람들은 이 공간에서 서로의 안부를 묻고 공감하며 자신의 감정을 표현하고 있습니다. 이런 트렌드는 꽤 오랫동안 유지될 것입니다.

이들의 성공을 보면 성공하기 위해 꼭 학교를 중퇴해야 하는 것처럼 보입니다. 삐딱한 시선으로 바라본다면 그들의 중퇴는 성공을 위한 트렌드의 일환으로 여겨지기도 합니다. 물론 그들이 중퇴를 했기 때문에 성공한 것은 분명 아닐 것입니다. 남들과 다른 무언가가 있었기 때문에 이런 큰 성공을 누릴 수 있었겠죠. 저는 그들의 성공 요인으로 '새로운 것을 시도하고 이를 통해 선점이익을 누릴 수 있었던 점'을 꼽고 싶습니다. 어떤 일을 최초로 시작하게 되면 위험 부담은 있지만 안전한 자신만의 자리를 마련하고 나면 이에 대한 반사이익을 꽤 오랫동안 누립니다. 페이팔의 창업자인 피터 티엘은 그의 저서 '제로 투 원'에서 이런 현상을 다음과 같이 설명하고 있습니다.

'새로운 것을 창조'하는 이 어려운 과제에 투자하지 않는다면, 지금 아무리 엄청난 이익을 내고 있다 해도 미국 기업들은 문을 닫게 될 것이다. 우리가 물려받은, 늘 하던 그 사업을 개선하고 또 개선해서 쥐어짤 수 있는 건 다 짜냈을 때 그때는 무슨 일이 벌어질 것인가? 믿기지 않겠지만, 그때는 2008년의 경제위기 따위는 우습게 보일 만큼 커다란 위기가 찾아올 것이다. 오늘의 "모범 사례"는 우리를 막다른 길로 이끌 뿐이다. 우리를 성공으로 이끄는 것은 아직 가보지 않은 길, 새로운 길이다.'

성공하기 위해 우리가 거쳐야 할 장애물은 매우 많습니다. 그 중 가장 큰 것으로 사람들이 꼽는 것은 나와 비슷한 일을 하는 다른 기업과의 경쟁입니다. 노래 경연대회를 예로 들어봅시다. 만약 참가한 10명 중 9명이 같은 곡을 준비하고, 1명이 자작곡을 준비한다면 어떤 상황이 벌어질까요? 모두가 같은 노래실력을 지녔다고 가정했을 때 이들 중 가장 유리한 것은 자작곡을 만든 사람일 것입니다. 나머지 9명은 서로의 테크닉을 비교당하며 가진바 능력을 평가절하 받지만 자작곡을 만든 사람의 경우 자신이 오리지널이기 때문에 실력을 오롯이 인정받을 수 있습니다. 이는 매우 중요한 요소입니다.

물론 기존의 방식을 따른다고 해서 성공을 할 수 없는 것은 아닙니다. 그러나 이런 전략은 다른 사람이 정해놓은 기준에 자신을 맞춰야 하기 때문에 여러모로 불리한 점이 많습니다. 그러나 기준을 세운 사람들의 입장에서 비추어보면 이런 상황은 그들에게 좋은 도구가 됩니다. 기준 안에 들어온 사람을 통제할 수 있는 권한이 있기 때문입니다. 이런 상황에서 성공하는 사람들의 능력 역시도 매우 뛰어납니다. 비교하자면 손발이 묶인 상태에서 멋진 요리를 만들어내는 것과 같다고 할 수 있죠. 이들을 통해서도 우리는 많은 것을 배울 수 있습니다.

살면서 새로운 판을 짤 것인지 아니면 기존의 기준을 따를 것인지에 대한 선택은 전적으로 개인에게 달려있습니다. 그 가운데 중요한 것은 우리가 원하는 바를 정확하게 파악하고 가장 합리적인 전략을 선택하는 일입니다. 사실 우리의 인생은 선택의 연속입니다. 그 선택을 통해 생길 결과는 온전히 우리가 받아들여야 할 책임입니다. 저는 기왕이면 이러한 선택이 더 좋은 방향으로 이루어져야 한다고 생각합니다. 좋은 미래를 받아들이기 위해서는 우리가 노력해야 합니다. 앞서 제가 언급했던 피터 티엘의 말을 통해 우리의 마음을 다잡아 봅시다. 우리에게 시사하는 바가 많습니다.

"우리는 가장 가능성 높은 두 가지 시나리오 중에서 한 가지를 선택해야만 하는 냉혹한 현실에 직면해 있다. 우리의 미래는 아무것도 없거나, 무언가가 있거나 둘 중 하나다. 그리고 그것은 전적으로 우리에게 달려 있다. '미래는 지금보다는 낫겠지' 라고 당연하게 생각해서는 안 된다. 더 나은 미래를 만들고 싶다면 지금 우리가 노력해야 한다."

## 까짓것 한 번 해보는 거야?

요즘 대학생들의 가장 큰 고민은 취업입니다. 열심히 공부를 해도 원하는 직장을 얻기는 하늘의 별따기인데다가 어렵게 직장을 구한다고 해도 평생 할 수 있는 일이 아니기 때문입니다. 이래저래 어려운 상황입니다.

이런 상황을 나타내는 말은 예전부터 많이 있었습니다. 88만원 세대, 헬조선, 망한민국 등 그 종류도 다양합니다. 아무리 노력해도 지옥과 같은 현실을 벗어나기 어렵다는 청년들의 한숨이 섞인 표현이라 할 수 있습니다. 실제로 학생들의 취업문은 이전에 비해 좁아졌습니다. 대학만 졸업하면 직장을 구할 수 있었다는 이야기는 지금 청년들에게는 전혀 공감이 되지 않습니다.

이런 현실은 미국도 그렇게 다르지 않은 것 같습니다. 2000통의 이력서를 내고 면접을 봤는데도 취업이 되지 않는 청년이 있는 것을 보면 아마 누구라도 같은 생각을 하게 될 것입니다. 그런 그가 세상을 놀래킬 프로젝트를 기획합니다. 미국의 50개 주를 돌면서 각 주를 대표하는 직업을 체험할 계획을 세운 것입니다. 이런 과정을 통해 그는 자신이 진정으로 하고 싶은 일이 무엇인지 찾기로 했습니다. 직업을 체험하는 기간은 1주일로 정했습니다. 만약 그렇게 하지 못한다면 아마 50개의 직업을 경험하는 데 평생이 걸릴지도 모르기 때문에 이 부분은 당연한 것이라 생각합니다.

저는 이 이야기의 주인공인 대니얼 세디키가 쓴 '까짓것! 한 번 해보는 거야'를 읽으면서 그가 겪은 경험에 주목했습니다. 그는 앞으로의 미래가 어떻게 될지 모르는 상태에서 이 프로젝트를 기획했습니다. 비록 어려움이 많았지만 그는 포기하지 않고 앞으로 조금씩 발걸음을 내딛으며 자신의 자아를 찾아나가고 여행이 끝날 무렵에는 진정으로 좋아했던 일을 찾았습니다. 말하지 않아도 다들 알고 있겠지만 그가 겪은 고생은 우리의 상상을 아득히 넘어서는 것이었습니다. 저는 이 사례를 통해 우리가 한계에 자신을 던져 넣어 이를 극복하는 과정 속에서 사람이 얼마나 강해질 수 있는지를 생각할 수 있게 되었습니다. 사람은 시련을 겪으며 강해집니다.

2007년에 개봉한 라따뚜이라는 애니메이션의 주인공인 생쥐 레미는 삶에서 예측할 수 있는 건 삶이 예측불가능하다는 사실뿐이라고 말했습니다. 대부분의 사람들은 삶에서 발생하는 문제에 100% 대비하기 위해 많은 노력을 기울입니다. 그러나 현실적으로 이는 불가능한 일입니다. 사람들의 성격이 모두 다르고 그들에게 일어나는 일 역시도 모두 다르기 때문입니다. 그렇기 때문에 저는 어떤 문제를 해결할 수 있는 자신만의 방식이 매우 중요하다고 생각합니다. 스스로의 기준이 명확하지 않다면 다른 사람들의 의견에 쉽게 흔들리고 무슨 일을 해도 불안합니다. 그런 것보다는 자신이 원하는 목표를 확실하게 설정하고 다른 사람과 비교하지 않으며 개인의 목표를 달성하는 것이 훨씬 생산적입니다.

만약 우리가 '삶이 예측할 수 없다'는 사실을 알게 된다면 모든 것을 정해진 기준에 맞춰야 한다는 강박관념에서 벗어날 수 있습니다. 즐겁게 하루를 보낼 수 있으니 이에 감사하고 더 나은 내일을 그릴 수 있기 때문입니다. 그러면서 스스로가 원하는 일을 할 수 있다면 더할 나위 없이 행복할 것입니다. 우리의 삶이 힘든 이유는 누군가가 정한 기준에 자신을 맞추려 하기 때문입니다. 물론 사회적으로 용납이 되지 않는 선까지 우리가 엇나가서는 안 되지만 적절한 점을 찾아서 자신의 정체성을

지키면서도 주변에 피해를 주지 않는 플랫폼을 만드는 일은 자신의 미
래를 위해서도, 그리고 주변 사람들과의 관계를 위해서도 매우 중요한
부분입니다.

# 3
# 개인의 욕망보다는 공익을 생각하라



## 무엇이 되기 위해 살지 마라

우리는 모두 마음속에 소망을 품고 삽니다. 이는 삶을 움직이는 원동력이 됩니다. 내가 원하는 것을 실현하기 위해 우리는 많은 노력을 기울입니다. 사람이 발전할 수 있는 이유는 이 때문이죠. 비록 소망이 온전한 형태로 실현되지 않을 수도 있지만 그 과정동안 투입한 노력은 사람을 다른 방식으로 변화시키기도 합니다. 그렇기 때문에 살면서 소망을 갖는 일은 매우 중요합니다.

그런데 소망이 변질될 경우에는 조금 문제가 됩니다. 나와 상대방을 모두 만족시킬 수 있는 일을 선택하기보다는 개인의 욕심이 섞였을 때 이런 현상이 발생합니다. 주변을 살펴보면 공익보다는 사익을, 올바른 길보다는 편법을 사용하며 사람들의 눈살을 찌푸리게 만드는 이들이 꼭 한 명씩은 있습니다. 그들의 인생이 나쁘다고는 할 수 없지만 그렇다고 해서 딱히 칭찬할 만한 구석이 있는 것도 아닙니다.

이렇게 되지 않기 위해 우리가 갖추어야 할 요소는 내가 원하는 일보다 내가 해야만 하는 일에 집중하는 것입니다. 내가 어떤 일에 몰입했을 때 다른 사람들이 어떻게 생각할 것인지, 그리고 이를 통해 내가 사회에 어떤 방식으로 보탬이 될 수 있을지를 생각하지 않고 자신의 의사를 반영하여 진행한 계획은 이롭지 못한 경우가 많습니다. 당연히 사회에 도움이 되지도 않죠. 이와 같은 방식으로 원하는 목적을 달성했을 때 기분이 좋을지는 모르겠지만, 그 과정에서 많은 사람들의 마음에 상처를 줄 수 있기 때문에 우리는 이런 태도를 멀리하고 나와 주변의 사람들 모두가 함께 잘 될 수 있는 방안을 고민해야 합니다.

하버드 메디컬 스쿨을 졸업하고 동 대학 전임교수, 아이비리그인 다트머스 대학 총장을 거쳐 세계은행의 총재직을 수행하고 있는 김용의 이야기가 담긴 '무엇이 되기 위해 살지 마라'를 보면 이와 같은 내용이 담긴 메시지를 많이 발견할 수 있습니다. 그는 2006년 미국 타임지가 선정한 세계에서 가장 영향력 있는 100인, 1년 전인 2005년에는 미국의 최고 지도자 25인에 이름을 당당히 올렸습니다. 이 정도의 명성이면 좀

거만해져도 될 법한데 의외로 그가 이야기하는 것은 우리가 기본적으로 수행해야 할 지극히 상식적인 내용들입니다. 자신의 영달보다는 많은 사람들의 이익을 생각하는 전형적인 의인의 모습이라 할 수 있습니다. 다음의 말은 그가 얼마나 사회의 공익을 생각하는지 보여주는 단적인 지표입니다.

"가난한 사람이 병들더라고 치료를 받을 기회는 부자에 비해 턱없이 모자란다. 의료 시스템은 예를 들어 이윤이 많이 남지 않는 결핵 치료제 생산에 무관심하다. 그러므로 의학은 질병과의 싸움이기도 하고 가난과의 싸움이기도 하고 사회 모순과의 싸움이기도 하다. 게다가 '국가권력'도 다시금 들여다보아야 한다. 국가는 기본적인 인권을 보장할 의무가 있다. 복지의 기본은 의료다. 건강권은 기본적인 인권임을 잊어서는 안 된다. 하지만 오늘날 신자유주의 논리에 휘둘리는 국가가 비용 효율성을 내세울 때, 과연 국민의 건강권이 지켜질 수 있을까?"

앞서 말씀드린 바와 같이 자신이 원하는 목표가 확실한 사람들의 경우에는 대개 이를 달성할 수 있는 가장 효과적인 길을 선택합니다. 주변보다는 사신에게 집중하기 때문에 효과가 좋습니다. 저는 이런 그들의 태도도 본받아야 한다고 생각합니다. 허나 목표를 달성한 이후에 개인만을 생각하며 다른 사람들에게 피해를 준다면 그는 비난받아 마땅합니다. 열심히 노력해서 잘살고자 하는 마음을 막는 것은 문제가 있지만 그 결과가 극단적인 이기주의로 변질되면 안 된다는 것이죠. 이는 결국 방향성의 문제입니다.

"우리는 '앞으로!' 를 외치는 환경에서 자랐고 생활하고 있다. 그러다 보니 왜 앞으로 나아가야 하는지, 어떤 방향으로 어떻게 나아가야 하는지 생각해볼 겨를도 없이 휩쓸려 나아가고 있는지도 모른다. 그래서 대학에 가도 사회에 나가도 중년이 되어도 방향을 잃은 듯, 가져도 가지지 못한 듯, 이 길을 걷다 보면 어떤 길이 나올지 두려워하며 불안하게 걷고 있는 것이다."

살면서 '어떻게' 라는 질문은 우리의 인생을 결정하는 매우 중요한 요소입니다. 어떻게 라는 질문은 지금까지 내가 생각했던 삶의 방식에 의문을 제기하며 더 나은 방향으로 나아갈 수 있도록 돕습니다. 이 질문을 마음에 품고 있는 사람과 그렇지 않은 사람들 사이에는 큰 차이가 생깁니다. 바로 삶을 바라보는 태도입니다. 진지하게 미래를 생각하고 꿈을 이루려 노력하는 인생은 적당히 하루를 때우고, 되는 대로 사는 사람들의 인생과 그 무게가 같을 수 없습니다. 저는 우리 인생이 무거워져야 한다고 생각합니다. 이뤄야 할 꿈을 가슴에 품고 이를 바탕으로 주변에 어떤 도움을 줄 수 있을지 생각해봅시다. 그런 과정을 통해 우리는 더 큰 목표를 향해 도전할 수 있게 될 것입니다.

옛날부터 전해지는 동화를 보면 거의 대부분의 이야기가 권선징악(착하면 복을 받고 악하면 벌을 받는다) 으로 마무리 됩니다. 신데렐라나 콩쥐팥쥐 등의 이야기가 머릿속에 떠오릅니다. 사람들은 누구나 '착한 사람들이 잘되어야 한다' 는 생각을 무의식중에 갖고 있습니다. 아쉽게도 현실에서는 이런 일이 발생할 확률이 우리의 생각보다 낮은 편이죠. 착한 사람이 성공했다는 이야기보다는 사기를 당해서 집안이 망했다는 이야기가 더 자주 들려오는 것만 봐도 이는 상당히 신빙성이 있습니다.

데이트를 할 때도 이런 사례는 많습니다. 사랑하는 여자 친구를 위해 무리하는 남자 친구를 상상해봅시다. 여자 친구는 남자를 그다지 사랑하진 않지만 가끔씩 남자 친구를 조르면 명품 가방이 생깁니다(물론 남녀가 바뀌는 경우도 자주 발생합니다). 무리하는 사람의 입장에서는 정말 억울합니다. 할부로 비싼 선물을 사줬는데 애인으로부터 무시당하고, 시도 때도 없이 부리는 짜증을 받아줘야 합니다. 만약 내가 상대방을 더 좋아하는 상황이라면 정말 난감합니다. 사람들 사이에서는 우리 사회에서 착한 사람으로 사는 일이 손해보는 것이라는 생각이 지배적입니다.

그런데 이 의견을 정면으로 반박한 사람이 있어 화제입니다. 29세 때 와튼스쿨 최연소 종신교수가 된 애덤 그랜트가 그 주인공입니다. 그는 자신의 저서인 '기브 앤 테이크' 에서 베푸는 사람과 그렇지 않은 사람들 사이의 성공 가능성을 예측했습니다. 다양한 실험을 통해 결과를 정리하고 이 과정에서 성공하는데 필요한 법칙을 발견한 것이죠.

자신의 논지를 전개하기 위해 그는 사람의 유형을 세 가지로 구분합니다. 받는 것보다 더 많이 주는 기버(Giver), 준 것보다 더 많은 것을 바라는 테이커(Taker), 마지막으로는 받은 만큼 상대방에게 돌려주는 매처(Matcher)입니다. 우리의 상식으로 보았을 때 세상에 가장 많은 것은 테이커입니다. 우리는 사회에 나가기 전에 주변으로부터 내 것을 지키는 일이 얼마나 중요한지 배웁니다.

그런데 그 다음에 애덤이 주장하는 바는 우리의 상식과는 약간 다릅니다. 그는 우리의 기준으로 보았을 때 호구, 즉 기버가 성공할 수 있는 확률이 높다고 주장합니다. 다른 사람들을 이용하는 테이커의 경우, 주위의 사람들이 쉽게 파악할 수 있다는 이유에서였습니다.

"그렇다. 정확히 맞는다. 사람들 대부분이 기버는 꼴찌가 될 것이라고 믿는다. 테이커는 사람을 이용하고 기버는 자기 시간과 에너지를 소진해버려 결국 녹초가 돼 버린다는 것이다. 수많은 연구 결과를 보더라도 기버는 흔히 말하는 성공의 사다리 맨 아래로 추락하는 경우가 많다. 그런데 놀라운 것은, 그 사다리 맨 위도 역시 기버가 많이 차지하고 있다는 것이다. 많은 증거가 아주 명확하게 보여주는 것은, 기버가 꼴찌를

할 뿐만 아니라 일등도 많이 한다는 것이다. 다른 사람을 도와줌으로써 당신을 성공하게 만드는 정말 많은 강력한 방법이 있다."

이 말은 사람들 사이에서 논란을 불러일으킬 수 있습니다. 기버가 꼴찌에도 있고, 최상위권에도 있다는 사실을 당당하게 밝히고 있기 때문에 독자들은 혼란에 빠집니다. '그래서 어떻게 하라는 거야?' 라고 말입니다. 저는 기왕이면 우리가 사회적으로 성공을 일구어내는 기버가 되었으면 합니다. 다른 사람들을 위해 열심히 노력하며 자신의 열정을 바쳤는데도 실패라는 결과를 맞이하게 된다면 그것은 자신에게도 주변의 사람들에게도 결코 좋은 일이 아닙니다. 그런 점에서 기버에 대한 애덤의 말은 우리가 눈여겨볼만 합니다.

"한없이 베풀기만 하다 녹초가 되면 결국 실패한다. 성공한 기버의 공통적 특징은 다른 사람의 이익뿐만 아니라 자신의 이익에도 관심이 많다는 것이다. 빌 게이츠가 '인간의 본성에는 두 가지 큰 힘이 있다. 하나는 자기 이익이고 다른 하나는 타인에 대한 배려이다. 자본주의의 미래는 둘을 합친 하이브리드 엔진' 이라고 하지 않았던가."

이 말이 뜻하는 것은 기버가 성공하기 위해서는 다른 사람과 자신이 함께 이득을 볼 수 있는 방법을 생각해야 한다는 점입니다. 다른 사람들을 생각해주는 이들은 이용당하기 쉽다는 특성도 있지만 다른 사람들의 환심을 사기 쉽다는 장점 역시 함께 가집니다. 만약 그들이 만나는 사람들이 테이커라면 아마 이 사람은 이용당할 가능성이 커지겠지만 기버라면 성공할 가능성이 더 높아집니다. 서로의 이익을 위해 노력하고 더 좋은 방안을 함께 찾아내는 것, 이것이 바로 기버가 성공하는 방식이 아닐까 합니다. 개인의 욕심보다는 상대방을 위하는 마음이 결국 성공의 시작점이 됩니다.

4

# 욕심보다는 나눔의 가치를 배워라

## 기업만이 사회적 책임이 있는 것일까?

요즘 들어 기업의 사회적 책임이라는 것이 화두가 되고 있습니다. 영어로 CSR(Corporate Social Responsibility)이라고 불리는 이 단어는 상생을 강조하는 적합한 말이라 생각합니다. 이는 마켓 3.0에서 강조했던 고객의 마음을 진정으로 이해하는 과정과 상당부분 유사합니다.

CSR은 대체적으로 긍정적인 가치를 포함하고 있어 인기가 있고 효과가 좋습니다. 마케팅 측면에서 살펴보면 CSR은 기업의 이미지를 긍정적으로 바꾸는데 큰 효과가 있습니다. 기업이 소비자들로부터 받은 사랑을 사회에 베푸는 과정을 통해 소비자는 기업으로부터의 무료 프로그램 혹은 서비스를 받아 좋고, 기업은 소비자를 위하며 책임을 다하는 모습을 고객들에게 보여줄 수 있습니다. 모두가 승리하는 '윈-윈'의 이상적인 형태입니다.

이런 탓인지 하버드 비즈니스 스쿨에서도 기업의 사회적 책임을 강조하는 프로그램을 운영하고 있습니다. 기업을 올바르게 운영하면서도 이를 통해 모두에게 도움이 되는 가치를 창출하는 법을 가르치는 것이죠. 이는 기업의 주요 상품과 CEO의 철학에 따라 다양한 방식으로 나타납니다. 식품을 생산하는 기업의 경우 그 일부를 지역 사회의 결식아동들에게 나누어주는 방식을 생각할 수 있고, 교육 기업의 경우 자사의 서비스를 무상으로 제공하여 학생들이 지적 혜택을 누리도록 도울 수도 있죠. 허나 이들의 목적은 큰 의미에서 보았을 때 같습니다. 나뿐만 아니라 사회 구성원들이 모두 함께 잘 살자는 것이죠.

물론 이런 CSR이 긍정적인 측면만 있는 것은 아닙니다. 예를 들어 기업이 장학재단을 만들어 공부할 수 있는 학비를 지원해 준다고 가정했을 때 이 혜택을 받은 사람은 기업의 요구를 거절하기 힘듭니다. 요구를 거절하더라도 기업에게 마음의 빚을 지기 때문에, 기업들의 경우 해당 제도를 자신들의 영향력을 키우기 위한 용도로 활용하기도 합니다. 상황을 보면서 더 나은 것들을 만들기 위한 자신만의 조치라는 것이죠.

저는 CSR이라는 개념에서 C(기업)를 빼고 이를 개인의 측면에서 바라보았으면 합니다. 기업에만 사회적 책임이 있는 것은 아닙니다. 사회의 구성원인 우리에게도 이상적인 사회를 만들어 나갈 책임이 있죠. 이를 기업에만 맡기는 것은 옳지 않습니다. 기업이든 개인이든 사회 내에서 어떤 일을 해야 할 지 깊이 살펴보아야 합니다.

아무리 좋은 목적을 갖고 만들어진 시스템이라 할지라도 이를 이용하는 사람에 따라 그 결과는 천차만별로 나타납니다. 우리는 올바른 시스템 안에 있을 경우 내가 하는 일의 옳고 그름을 판단하기보다는 시스템 자체를 신뢰하는 편입니다. 물론 좋은 목적을 가진 시스템이나 단체에서 나쁜 짓을 할 확률은 상대적으로 낮습니다. 그러나 저는 이런 상황에서도 우리가 마음을 놓아서는 안 된다고 생각합니다. 사람이 모이는 곳에는 언제나 나와 다른 생각을 하는 사람들이 있습니다. 좋은 목적을 위해 일을 하는 사람이 있다면 다행이지만 만약 불순한 의도로 나와 같은 집단에서 활동하는 사람이 있다면 우리는 극도로 조심해야 합니다. 그 사람으로 인해 직접적인 피해를 입을 수도 있고 그렇지 않으면 내가 활동하는 단체에 좋지 않은 영향을 줄 수도 있기 때문이죠. 이런 상황에서는 단체 내에 속한 개인이 올바른 것을 생각하고 이를 현실에서 구현하기 위해 의식적으로 노력을 기울여야 합니다. 그렇지 않으면 다른 사람들의 열망에 자신을 맡기는 최악의 상황이 발생할 수도 있습니다. 저는 우리가 안에 있는 올바른 생각을 주위에 전해줄 수 있는 통로의 역할을 감당했으면 합니다. 앞서 말씀드린 진정한 CSR의 궁극적인 목적은 바로 이것입니다. 기업 혹은 개인의 가치를 높이며 사회를 위해 자신의 능력을 내놓는 행위는 우리가 살면서 꼭 지녀야 할 삶의 태도입니다.

## 탐욕의 경제학, 아이슬란드의 몰락

사회적인 가치보다 개인의 욕심을 먼저 추구하다 몰락한 사례가 있습니다. 바로 아이슬란드입니다. 어업을 기반으로 하는 인구 32만명의 작은 나라인 아이슬란드는 2005년까지 유엔개발계획(UNDP)이 발표하는 인간개발지수(Human Development Index : 어린아이를 포함한 전국민의 삶의 질을 평가하는 기준으로 활용)에서 1위를 차지했습니다. 그러나 3년 뒤에 국가부도를 선언하고 이후 이어진 글로벌 금융위기의 직격탄을 맞아 아직까지 그 피해에서 허덕이고 있습니다. 당시 행해진 설문조사에 따르면 전국민의 3분의 1이 이민을 원할 정도로 아이슬란드의 상황은 좋지 않았습니다. 이 3년 동안 이곳에서는 무슨 일이 있었던 것일까요?

국가부도를 선언하게 되기까지 아이슬란드에서 일어난 일은 세계 경제의 축소판이라해도 과언이 아닙니다. 원래 2003년도의 아이슬란드 은행의 자산 규모는 수십억 달러(수조원) 였습니다. 이 금액은 3년 뒤에 1400억 달러로 (약 150조원) 늘어납니다. 규제를 풀고 금리를 높이자 해외의 자금이 아이슬란드에 큰 규모로 유입되기 시작했기 때문입니다. 금리가 높다는 것은 투자를 했을 때 자신이 가져갈 수 있는 돈이 조금이

나마 늘어난다는 이야기이니, 이런 상황은 외국인 투자자들에게 돈을
벌 수 있는 절호의 기회로 작용했습니다.

자금 유입으로 인해 넘쳐나는 현금을 쓸 곳이 없었던 은행은 국민들
에게 대출을 실시합니다. 대출을 받은 국민들은 주식과 부동산에 투자
했습니다. 도는 돈이 많아지니 주식시장의 규모는 자연스럽게 커졌습니
다. 집을 사서 갖고 있으면 지속적으로 가격이 올랐기 때문에 이를 노린
전문 투기꾼도 생겨났습니다. 사실 이때까지는 그리 큰 문제가 발생하
지 않았습니다. 아이슬란드의 미래는 장미빛이었습니다. 누구도 몰락을
예상하지 않았죠.

그런데 금융위기가 시작되는 시점부터 아이슬란드의 주변환경이 이상
하게 변하기 시작합니다. 그들이 경제 규모를 키우는데 들어간 자금은 거
의 대부분 외국으로부터 받은 투자자금이었습니다. 그런데 경제가 침체
되자 자금 상환에 대한 압박이 커졌고 은행은 그들의 요구를 들어주지 못
했습니다. 이후 닥친 글로벌 경제 위기(서브 프라임 모기지)는 이들의 상황
을 더욱 악화시켰습니다. 돈을 갚으라는 요구는 늘어나는데 갚을 돈이 없
었기 때문에 아이슬란드는 어쩔 수 없이 모라토리엄(지급유예)을 선언했
습니다. 한 번도 제대로 된 금융거래를 해 본 일이 없는 나라가 주변의 성
공사례를 통해 무모하게 험난한 금융시장에 뛰어든 결과였습니다.

이로 인해 일어난 결과는 참담했습니다. 이 사건 이후 아이슬란드 주

가는 기존대비 20% 수준으로 떨어졌습니다. 국민들 역시 안정적인 저축보다는 주식이나 파생상품으로 재테크를 하고 있었기 때문에 이로 인해 또 수십조원의 손해가 발생했습니다. 실업률 역시 기존 1%에서 6%로 6배 이상 수직 상승했죠. 사실 금융경제는 제조업을 기반으로 한 전반적인 기초산업이 건강해야 제대로 돌아가게 되어있는데 아이슬란드의 경우 이 사실을 몰랐기 때문에 그들은 위기를 맞이할 수밖에 없었습니다. 또한 쉽게 돈을 벌 수 있다는 그들의 욕심이 투기에 반영되면서 몰락은 더더욱 가속화 되었죠.

저는 이 사례를 보면서 옳지 않은 방법으로 무언가를 하려는 일이 얼마나 위험한지 깨닫게 되었습니다. 아이슬란드 국민들은 잘못된 판단으로 인해 엄청난 경제적 손실을 입었습니다. 사실 저는 이런 일이 우리들에게도 일어날 수 있다고 생각합니다. 올바른 방법이 아니라 다른 사람들의 투기성 조언을 듣고 주식에 투자해 큰 손해를 입는 상황이 생기는가 하면, 시중 은행보다 더 높은 이자를 준다는 유혹에 넘어가 큰돈을 맡기는 경우도 있습니다. 물론 결과는 좋지 않죠.

우리는 일을 할 때 항상 올바른 것을 생각하고 내가 하는 행동이 주변에 어떤 영향을 미칠지 깊이 생각해야 합니다. 그렇게 하지 않으면 우리가 무심코 한 행동으로 인해 다른 누군가가 피해보는 일이 생깁니다. 자신의 양심에 부끄럽지 않은 일을 합시다. 힘든 방법이라도 그것이 많은 사람들이 생각했을 때 옳지 않은 것이라면 우리는 그 길을 가면 안 됩니다. 아이슬란드의 경우 모든 사람들이 같은 마음을 먹었던 흔치 않은 사례이기에 우리에게 적용하기는 어려운 점이 일부 있지만 우리 역시 이와 같은 전철을 밟지 않으리라는 법은 없습니다. 항상 깨어있는 마음으로 자신을 돌아보시기 바랍니다. 그것이 우리를 지키는 길이자 다른 사람들에게 모범을 보이는 길이 될 것입니다.

5

# 혼자보다는 여럿의 힘이 강하다

## 당신의 경제학 수업을 거부하겠습니다

우리가 살펴보고 있는 바와 같이 하버드 대학교는 여러 면에서 선망의 대상입니다. 학벌의 최고봉으로 여겨지는 이곳 하버드에 입학하기 위해 지금도 전국의 수많은 학생들이 구슬땀을 흘리고 있습니다. 그들의 미래가 어떻게 될지는 모르겠지만 가급적이면 모두 입학해서 자신이 원하는 바를 이룰 수 있었으면 좋겠다는 생각을 잠시 해봅니다. 꿈을 이루기 위해 노력하는 행위는 모든 사람들이 누려야 할 특권입니다.

하버드 대학교의 학생이 아니더라도 사람들은 이 학교의 영향력이 크다는 사실을 깨닫고 있습니다. 특히 경제학을 공부하는 사람들이라면 더더욱 그렇습니다. 그들에게 바이블처럼 읽히는 '맨큐의 경제학'을 저술한 그레고리 맨큐가 하버드 대학교에서 경제학을 강의하는 교수이기 때문입니다. 이 책은 폴 새뮤얼슨의 '경제학 원론'이 출간된 이래 사람들 사이에서 대표적인 경제학 입문서로 꼽히고 있습니다. 굳이 한국의 책과 비교하자면 학생들 모두가 한 번씩 본다는 '수학의 정석'을 들 수 있겠습니다(물론 판매량이나 영향력에 있어 두 책은 비교할 바가 못됩니다).

그런데 재미있는 것은 최근 들어 이 책의 내용을 부정하는 학생들이 나타나기 시작했다는 점입니다. 그들이 단체 행동을 한 시기는 2011년 월가 점령 시위 당시였습니다. 그들이 주장한 내용의 핵심은 '맨큐의 경제학'이라는 책이 학생들이 중립적인 시선을 갖지 못하도록 한다는 것이었습니다. 학생들은 맨큐 교수가 시장이 만능이며, 정부와 사회가 경제학을 몰라서 다른 행동을 한다는 논리를 강조하고, 시장에서 일어날 수 있는 왜곡 및 파급효과는 축소시키는 동시에 세금의 부정적 효과는 매우 상세하게 기록하고 있다는 점을 지적했습니다. 이런 그의 편향성이 책을 처음 접하는 사람들에게 경제에 대해 한쪽으로 치우친 시선을 갖도록 한다는 것이죠. 실제로 맨큐 교수의 경우 시장이 모든 것을 해결해 준다는 것을 핵심 가치로 하는 신자유주의의 열렬한 신봉자입니다. 경제를 인간의 이기심에 기초해 경쟁을 벌이는 정글로 보는 시각을 가졌던 것이죠. 이로 인해 그는 21세기 자본론을 집필한 피케티 교수와 격렬하게 대립하기도 했습니다. 학생들의 시선도 피케티와 크게 다르지 않았던 것 같습니다.

"하버드대 학부생인 우리는 경제학에 대한 폭넓고 원론적인 기반을 얻고자 경제학 10(맨큐가 진행하는 경제학 강의) 수업을 신청했습니다. 이 기반이 경제학뿐 아니라 행정학, 환경공학, 공공정책 등 다양한 학문을 지적으로 섭렵하는 데 도움을 줄 것이라고 생각했습니다. 그러나, 이런 폭넓은 기반 대신에 우리는 경제학에 대한 특수하고 제한적인 시각만을 가르치는 강의실에 들어와 있다는 사실을 깨달았습니다. 게다가 이 시각은 경제적 불평등이 만연하여 문제적이고 비효율적인 오늘날 우리 사회 시스템을 영속화시킬 것이라고 생각됩니다."

**_월가 시위에 참석하는 학생들이 맨큐 교수에게 전한 편지 중 일부**

그들은 이 편지를 보낸 이후 얼마 지나지 않은 2011년 11월 2일에 단체 행동을 실시함으로써 맨큐 교수에게 자신의 의견을 관철시켰습니다. 앞줄에 앉아있던 학생들이 강의실을 나가며 사람들에게 던진 말은 다음과 같습니다.

"하버드 졸업생들은 최근 몇 년 동안 세계에서 벌어진 최악의 부정의에 협조하거나 묵인해왔다. 오늘 우리는 그 역사와 싸우는 것이다. 하버드 학생들은 그런 일을 더 이상 하지 않을 것이다. 우리는 우리 교육을 선을 위해 사용할 것이며, 수백만의 희생을 전제로 한 개인적 이익을 위해 사용하지 않을 것이다."

학생들이 이런 말을 한 이유는 간단합니다. 하버드 대학을 졸업한 수재들이 미국의 유명한 금융권에 취업했지만 그들이 사회를 위해서 자신의 능력을 사용하기 보다는 스스로의 이익을 불리는 데에만 급급했기 때문입니다. 자유로운 경쟁의 원리로 시장이 안정을 찾는다는 맨큐 교수의 논리대로라면 시장에는 문제가 없어야 하는데 잘사는 사람들은 특권을 누리지만 가난한 사람들의 삶은 더욱 힘들어져만 갔습니다. 그랬기 때문에 학생들은 이 말을 통해 맨큐 교수가 "탐욕스런 신자유주의를 정당화한다"라고 비판하면서 수업을 거부했습니다. 그리고 월가 점령 시위에 합류해서 자신들의 주장을 관철시켰죠.

그들의 이런 행동을 우리는 어떻게 받아들여야 할까요? 저는 우선 자신이 생각하고 있는 바를 실천에 옮겼다는 점에서 이를 긍정적인 시선으로 바라보아야 한다고 생각합니다. 맨큐의 경제학이 옳고 그른지의 여부를 떠나 자신이 옳다고 생각하는 일에 스스로의 신념을 드러내는 태도는 확실히 우리가 본받아야 할 자세입니다.

사실 누군가가 혼자서 어떤 행동을 한다고 했을 때 그 효과는 크지 않습니다. 마음이 맞는 사람들이 하나의 목표를 향해 나아가는 자세를 보여야 세상이 움직입니다. 맨큐 교수의 경우도 마찬가지였습니다. 그는 자신의 경제학이 권력의 도구가 되었다는 사실 자체에는 유감을 표명했지만, 사회 이슈에 대해 적극적으로 문제를 제기하고 토론의 장을 연 것은 긍정적인 현상이라는 반응을 보였습니다. 혼자 행동했다면 절대로 얻을 수 없는 성과였을 것입니다.

우리는 자신이 옳다고 생각하는 일에 물러서지 않고 앞으로 나아가야 합니다. 하버드 학생들이 사회를 향해 던진 말은 그런 점에서 우리에게 시사하는 바가 많습니다. 지금 내 상황에서 이 말을 어떻게 적용해야 할지 생각해봅시다. 솔직히 말씀드리면 저 역시도 그들의 비판에서 자유롭지 못합니다. 올바른 일이라고 생각했을 때 피하지 않고 힘을 모아 문제를 해결하는 자세는 지식인이 갖추어야 할 기본입니다.

## 🔍 진화론은 현대 사회에 적용될 수 있는가?

찰스 다윈의 진화론은 생물의 다양성을 설명하는 이론으로 오랜 시간이 지나면 그 특성이 변한다는 것을 주된 내용으로 합니다. 처음 대중들에게 소개된 이후부터 지금까지 진화론은 많은 논쟁거리를 불러일으켰습니다. 가장 반발한 곳은 당연히 종교계였습니다. 유일신을 믿는 기독교에서는 세계를 하나님이 창조한 것으로 인식합니다. 그렇기 때문에 원숭이가 오랜 시간 진화를 거쳐 사람이 되었다는 주장은 이들의 입장에서는 해괴망측한 것입니다.

　그가 내세운 주장 중 우리가 가장 주목해야 할 것은 바로 자연선택설입니다. 자연선택설의 핵심은 '약육강식'입니다. 생존경쟁에서 도태된 종은 자연스럽게 사라지고, 살아남기 유리한 생물들이 다음 세대로 이어진다는 것입니다. 큰 관점에서 보면 자연이 이들을 선택한 것이라고도 볼 수 있죠.

　그러나 저는 그의 이런 견해가 사회 내에서는 적용이 되지 않는다고 생각합니다. 사람을 예로 들어보면 우리는 이 사실을 쉽게 알 수 있습니다. 아이가 태어나면 제구실을 하기까지 상당히 오랜 시간이 걸립니다. 태어나자마자 얼마 지나지 않아 바로 걸을 수 있게 되는 동물과 비교해보았을 때 이점은 확실히 의아합니다. 그런데 생각해보면 자연에서 인류가 도태되는 경우는 거의 발생하지 않습니다. 오히려 다른 동물들보다 더 번성하여 세력을 넓히고 있죠. 이런 과정이 반복된다면 전체적인 진화의 관점에서 보았을 때 자연선택설만으로 모든 것을 설명하기는 어려워집니다.

　저는 진화론을 우리가 받아들일 때 적자생존의 법칙으로만 이를 이해하면 안 된다고 생각합니다. 이는 앞서 언급된 그레고리 맨큐 교수의 의견과 그 맥락을 같이 합니다. 시장의 원리로 모든 것을 해결해야 한다는 신자유주의 체제가 시행된 이후 지금까지 많은 문제점이 발견되었습니다. 자연상태에서의 진화도 같은 원리로 설명할 수 있습니다.

저는 이런 점이 공생할 수 있는 생태계를 통해 우리가 기대할 수 있는 부분이라고 생각합니다. 자연선택설은 힘을 합쳐 살아가는 사람들에게는 우리가 생각하는 만큼 큰 영향을 미치지 못합니다. 사람들이 공평한 조건에서 시작할 수 있도록 해주는 최소한의 복지는 사회를 윤택하게 합니다(물론 정확한 기준 없이 분배되는 세금이 있어서는 안 되겠습니다). 그 이유는 혼자보다는 여럿이 모였을 때 발휘하는 힘에 있습니다. 뜻을 모아서 큰일을 하려면 혼자의 힘만으로는 충분치 않습니다. 우리는 이 사실을 기억해야 합니다.

6

# 사람을 먼저 생각하라

## 🔍 나자와 사자, 전쟁과 인간

노먼 메일러(하버드 대학교 항공공학)의 '나자와 사자(The Naked and the Dead, 1948)'는 2차 세계대전에 참전한 그의 경험을 바탕으로 쓰여진 장편소설입니다. 아노포페이라는 가상의 섬을 배경으로 하여 커밍스 장군이 일본군을 상대로 승리를 거두는 것이 주된 스토리입니다. 소설이 재미있는 이유는 이 승리과정 속에서 인간의 욕망이 적나라하게 드러나기 때문입니다. 지배욕에 사로잡힌 군 중간간부, 비인도적인 군대 조직 등 전쟁의 잔학성을 드러내는데 전혀 괴리감이 없는 주제들이 소설에 등장합니다. 이 책은 이런 이중성 때문인지 출간된 이후 베스트셀러의 반열에 올랐습니다.

이 책이 우리에게 주는 메시지는 무엇일까요? 비록 이 소설이 전쟁을 주제로 하고 있지만 깊게 들어가 보면 저자가 이야기하고 싶어하는 참된 주제는 '전쟁의 부조리함' 입니다. 전쟁 과정에서는 과정보다는 승리가 중요합니다. 그 과정에서 얼마나 인도적이냐는 그렇게 중요하지 않습니다. 도리를 다하다가는 전쟁에서 쉽게 죽어버리기 때문입니다. 오히려 생존을 위해서는 효율성을 추구하는 것이 좋습니다. 그는 이런 상황을 소설 내에서 생생하게 묘사합니다. 누군가는 전쟁으로 목숨을 잃을 수 있지만. 그것도 전쟁이란 큰 측면에서 봤을 때는 일상적인 일입니다. 사실 누군가 죽는다는 것을 받아들이기란 쉽지 않습니다. 그들은 이미 이런 경험이 풍부합니다.

> "아무도 잠들 수가 없었다. 아침이 오면 상륙 보트가 내려지고 군의 제1진이 파도를 헤쳐고 아노포페이 섬 해안에 상륙하면서 공격을 개시할 것이다. 앞으로 몇 시간 후면 이들 가운데 몇몇은 죽게 될 것이다. 수송선 위에 있는 병사도 호위함에 있는 병사도 모두 알고 있는 사실이다."

이 소설을 통해서 저는 저자가 사람들을 어떻게 생각하는지에 대해 확인할 수 있었습니다. 그가 부조리를 말한 이유는 오히려 사람들이 이런 상황을 깨닫고 전쟁이 발생하지 않도록 경고하는 측면이었을 가능성이 큽니다. 전쟁의 참혹함을 눈으로 직접 보여주며 지휘층이 바뀌기를 바랬던 것이죠. 사실 전장에 나와있는 군인 뿐 아니라 현대를 살아가는 대부분의 사람들은 모두 마음속에 두려움을 안고 살아갑니다. 앞으로의 미래가 어떻게 될지 알지 못하고 내가 어떤 방식으로 살아야 할지도 많은 시간 동안 고민해야 합니다.

"이 모든 생활이여, 그만 안녕. 때로는 외로운 일도 있었고 허무한 일도 있었다. 그러나 어쨌든 그 모두는 안전한 항구였던 것. 많은 친구들이 있었고, 누구나 서로를 이내 이해할 수 있었다. 이제 부대 병사들 속에서, 야영지의 생판 알 수 없는 세계에서 새로운 해답과 확신을 모색하게 된 것이다."

_나자와 사자 中

저는 여러분들께 우리가 사람을 먼저 생각해야 한다는 말씀을 드리고 싶습니다. 우리는 전쟁에 활용되는 도구가 아닙니다. 꿈을 마음에 품고 이를 실천하며 주변에 긍정적인 영향을 끼치도록 만들어진 소중한 존재이기 때문입니다. 우리가 마음속에 품었던 꿈을 생각합시다. 그리고 그 꿈이 사람들을 이롭게 하는지 떠올려봅시다. 우리는 많은 사람들에게 도움이 되는 꿈을 꾸어야 합니다. 이를 기반으로 다른 사람들에게 좋은 것을 베풀 수 있는 능력까지 있다면 훨씬 더 좋을 것입니다.

7

# 자신의 길을 가라

### 위인이란 무엇인가

여러분들이 생각하는 위대한 사람, 즉 위인의 기준은 무엇인가요? 천재성, 뛰어난 업적, 시대적 파급효과 등 언급할 수 있는 기준은 다양합니다. 사실 어떤 위인이던지 간에 앞서 말한 3가지 기준 중 하나는 꼭 지니고 있습니다. 저 역시도 꼭 가지길 소망하는 것이지만 현실과 이상 간의 괴리감은 꽤 큰 편입니다.

예로부터 자신의 이름을 알리고 싶은 욕망은 누구에게나 있어왔습니다. 이 글을 쓰는 저만 하더라도 유명해져야 제 책이 많이 팔리기 때문에 이름을 알려야만 하는 과제가 있습니다. 이름값이 올라가면 자신의 영향력을 더 크게 행사할 수 있기 때문에 유명한 사람들은 여러모로 이점이 많습니다. 다만 문제는 이게 쉽지 않다는 것입니다. 그런 점에서 위인들은 말 그대로 위대한 사람이라고 불릴만 합니다. 일반적인 사람들의 기준에서 생각하지 못할 정도로 뚜렷한 가치관을 지녔고 이를 그대로 실천하는 모습을 보이는데다가 유명하기까지 하기 때문입니다.

따지고 보면 그들이 위대한 사람이 되기 위해서 일부러 발버둥을 친 것은 아닙니다. 오히려 열심히 살아온 결과를 대중이 인정해 준 것이라 보는 견해가 더 설득력이 있습니다. 그들은 저마다의 기준으로 옳다고 생각하는 일에 몰입하면서 다른 사람들이 갖지 못한 무언가를 만들어 내는데 성공했습니다.

그렇다면 우리는 이들을 통해 어떤 가치를 배울 수 있을까요? 미국의 유명한 시인이자 사상가인 랄프 왈도 에머슨(하버드 신학부 졸업)이 쓴 '위인이란 무엇인가' 를 보면 이를 살짝 엿볼 수 있습니다. 이 책은 시대를 통틀어 우리가 본받아야 할 사람으로 나폴레옹, 괴테, 셰익스피어, 플라톤 등의 인물을 언급했습니다. 그들의 인생이 위인을 대변할 만큼 다른 이들과 달랐다고 판단했던 탓일까요? 책에는 각 인물들의 특징이 확연하게 기록되어 있습니다. 나폴레옹으로부터는 용기, 괴테로부터는 사색과 성찰을 통한 자아완성, 셰익스피어로부터는 상상의 날개로부터 비롯되는 무시무시한 창작력, 플라톤으로부터는 이상과 현실의 차이를 자각하는 차가운 이성을 배울 수 있다고 말하고 있죠.

우리가 삶을 살다 보면 이런 가치들이 필요해질 때가 올 수밖에 없습니다. 사실 이는 우리가 꼭 배워야 할 중요한 요소입니다. 힘들 때 그들이 어떻게 이를 극복했는지를 배우고 그들이 성과를 내기 위해 어떤 노력을 했는지를 알게 된다면 그들이 겪어야 했던 시행착오를 줄일 수 있을 뿐더러 이전보다 더 나은 성과를 만들어 낼 수 있습니다. 그 가운데서도 그들은 자신이 진정으로 원하는 고유한 부분은 지켜내며 비교할 수 없는 탁월함을 추구하였습니다.

위대한 사람들은 윤리에 어긋나지 않는 자신만의 기준을 갖고 세상 속에서 이를 실천하려 치열하게 노력했습니다. 에머슨은 이를 다음과 같은 말로 표현하고 있습니다. 위인의 속성을 단적으로 보여주는 말이 아닐 수 없습니다. 비록 우리가 위인이 되기는 어려운 환경에 처해 있을지라도 마음을 갈고 닦으며 자신이 목표한 길을 가는 것 자체는 큰 의미가 있습니다.

"제 몫을 다하는 사나이가 되려면, 독립적으로 소신껏 행동하는 당당한 사람이 되어야 한다. 영원불멸의 공적을 세우려는 사람은 사람들한테 잘 보이려는 마음을 버리고, 스스로의 영혼에 진정으로 바람직한 것을 추구해야만 한다. 결국 스스로의 마음을 갈고 닦는 것보다 성스러운 것은 없다."

# 8
# 삶을 이끄는 목적을 품어라



### 버락 오바마 - 담대한 희망

세상에 대립과 다툼이 생기는 이유는 저마다의 생각이 다르기 때문입니다. 다툼이 생기면 사람들은 대개 자신의 의견을 다른 이들에게 관철시킴과 동시에 상대방의 생각은 듣지 않습니다. 이런 방식으로 형성된 신념 간에 싸움이 일어나면 보통 결과는 강하고 확고한 신념의 승리로 돌아갑니다. 확고한 신념을 갖기 위해서는 지금 내가 살아가는 삶에 대한 목적이 분명해야 합니다. 이 신념은 좋은 방향으로도 혹은 나쁜 방향으로도 나타날 수 있죠. 어떤 방식이든 신념을 갖고 있다는 말은 그가 자신의 인생을 열정적으로 보내고 있다는 뜻과 일맥상통합니다.

애석하게도 현대를 사는 사람들의 대부분은 특별히 자신의 인생에 대해 생각하지 않습니다. 꿈이 없는데다 이를 달성하기 위한 실행력도 없죠. 많은 사람들의 꿈이 실현될수록 건강한 사회라는 사실을 상기해 볼 때 지금 내가 살고 있는 이곳이 어떤 위치에 있는지를 확인해보는 것도 우리에게 큰 도움이 됩니다.

이전과 다른 인생을 원하는 사람들에게 가장 필요한 것은 목적의식과 용기입니다. 매 순간마다 자신의 한계에 도전하는 일이 어렵다는 사실을 깨닫고도 이를 멈추지 않는 사람들의 인생은 아름답습니다. 자연스럽게 이들은 다른 사람들보다 더 빛이 나죠. 이런 사람들이라면 인생에서 큰 변화를 불러일으킬 능력을 충분히 갖추고 있을 것입니다. 미국의 대통령인 오바마(하버드 로스쿨 법무박사) 역시 '담대한 희망' 이라는 저서를 통해 이와 비슷한 내용을 주장하고 있습니다.

"어느 하나라도 변화시키려면 기존 질서에 대한 정치인 개개인의 도전이 필요하다. 일반 유권자들이 별로 관심을 기울이지 않는 추상적인 관념을 위해 반대 세력은 물론, 지지 세력과도 싸워야 한다. 나아가 기득권도 버릴 각오를 해야 한다. 결국 존 F. 케네디가 모색했던 정치인의 자질 문제로 되돌아가게 된다. 정계에 진출한 지 얼마 안 되어 수술을 받게 된 케네디는 정양을 하던 중 정치인의 자질이 무엇인지 고민했다. 자신이 2차 세계 대전 참전 때 발휘한 영웅적 행위를 떠올렸지만, 좀 더 골몰했던 생각 우리가 용기를 내야 할 때는 주변 상황이 확실하지 않아서 자신의 능력을 믿어야 할 때입니다. 인생을 살면서 우리에게는 용기가 필요한 때가 여럿 있습니다. 이런 경우 우리는 확실하지 않은 정보를 기반으로 중요한 결정을 하기 때문에 작은 것 하나도 놓치지 않고 자신에게 도움이 되는 것이라면 무엇이든 받아들이려는 태도를 갖게 됩니다. 이런 특성은 우리에 긍정적으로 작용합니다. 또한 작은 것에 감동하고, 감사하게 되죠.

순간을 사랑하고 생의 모든 것에 감동을 느끼는 사람이라면 세상을 바꿀 수 있는 가능성이 마음속에 자리하고 있을 것입니다. 인생을 살면서 감동이 없으면 마음의 여유가 사라집니다. 여유가 없는 사람들은 가장 효율적인 방식으로 일을 진행하지만 인생을 객관적이면서도 깊이 볼 수 있는 눈까지 함께 잃어버립니다. 감정이 무뎌지는 것이죠. 허나 우리가 잘 알고 있는대로 사람의 동기와 열정을 자극하는 것은 감성입니다. 감성이 없었다면 지금 지구에는 예술작품이나 문학 및 음악 등은 존재하지 않았을지도 모릅니다.

“무엇보다도 어머니는 평생 경이에 찬 눈으로 생을 대했다. 삶 그 자체와 소중하지만 순간적인 삶의 본질에 대한 경외감은 경건함으로 표현해도 좋을 만했다. 어쩌다 그림 한 점을 보거나 시 한 구절을 읽을 때, 음악을 들을 때 곧잘 어머니의 두 눈에 눈물이 가득 고이는 것을 볼 수 있었다. 어머니는 내가 조금 자라자 가끔 나를 한밤중에 깨워 유난히 눈부신 달을 바라보게 하거나 황혼녘에 함께 산책하면서 두 눈을 감고 바스락거리는 나뭇잎 소리에 귀를 기울이게 하곤 했다."

_버락 오바마가 어머니를 회상하며 남긴 글 中

우리가 삶을 살아가는데 필요한 목적은 굳이 거창하지 않아도 좋습니다. 단지 우리의 인생을 돌아보고 앞으로 나갈 힘과 용기를 얻을 수 있을 정도면 충분합니다. 이는 누군가에게 배워서 생기는 것이 아닙니다. 자신에 대한 깊은 통찰을 통해 가능한 것이죠. 사실 스스로가 만족할 수 있는 목적을 찾아나가는 일은 쉽지 않습니다. 허나 개인의 인생을 사랑하고 원하는 바를 실천하며 자신의 목적을 조금씩 이뤄가는 과정을 반복하고 있다면 그 목적은 머지않아 현실이 될 것입니다. 비록 세상은 어렵지만 이 사실이 삶을 관통하는 원리까지 훼손되었다는 걸 뜻하진 않습니다. 삶을 이끄는 목적을 마음에 품으시길 바랍니다. 이런 마음을 통해 우리의 인생은 이전과 전혀 다른 방향으로 진행될 것입니다. 물론 그 방향은 긍정적인 측면으로 작용하게 될 것을 확신합니다.

"난 그저 그런 것이 만족스럽지 않을 뿐이야. 그리고 내가 나이가 들면서 한 가지 깨달은 점은 스스로 만족할 수 있는 일을 해야 한다는 거지. 사실 나이가 지긋해지면서 얻게 되는 한 가지 이점이 있다면, 자신에게 중요한 것이 무엇인가를 마침내 알게 되는 것이라고 생각해. 26세의 나이로는 그런 것을 깨닫기 힘들겠지. 그리고 다른 그 누구도, 자신에게 중요한 것이 무엇인지 가르쳐 줄 수 없어. 자신만이 그것을 찾아낼 수 있지."

_담대한 희망 中

## 🔍 꿈을 품은 위인들

소설 레미제라블의 주인공 장발장은 배고픔을 이기지 못하고 빵 한 조각을 훔친 결과 감옥에서 19년이라는 세월을 지내야만 했습니다. 사실 배고픔과 가난은 사람의 생활을 황폐하게 만듭니다. 만약 우리가 만 원으로 일주일을 살아야 한다고 가정해봅시다. 그럼 어떤 일이 일어날 까요? 돈을 쓰는 것에 극도의 스트레스를 느끼고, 마음의 여유가 사라 질 것입니다. 가난한 사람들에게 삶은 처절한 투쟁입니다.

우리나라에서 이 문제는 매우 복합적으로 나타납니다. 보수 진영에서 는 전반적으로 복지 예산을 삭감하려 하고, 진보 진영에서는 분배를 강 조합니다. 물론 이러한 행위는 인기에 영합한 포퓰리즘이라고 비난받기 도 합니다. 이와 같은 사회적 문제는 자신의 정치생명을 끝낼 수도 있는 위험한 뇌관이기에 의견을 이야기하지 않고 조용히 사태만 살피는 경우 도 있습니다.

최근 영국의 제1 야당대표가 된 제러미 코빈 노동당 당수 역시 이런 시선에서 자유롭지 못합니다. 복지와 분배에 관심이 많은 인물이기 때문에 기득권 정치인들이 그를 바라보는 태도는 우호적이지 않습니다. 호시탐탐 그를 공격할 기회를 노리고 있죠. 사실 코빈의 관심사는 '가난과 불평등과 불의를 체념하듯 받아들이지 말고 행동하여 내가 살고있는 이곳을 바꾸는 것' 딱 하나입니다. 이런 그의 생각은 그가 하는 말을 통해서도 극명하게 드러나고 있습니다.

"가난하게 태어났다고 계속 가난해야 할 이유는 없다. 부당함을 참지 말고 편견에 맞서라. 영국은 변할 수 있고 변해야 한다."

"역사가 동트기 시작한 이후 어떤 사람들에겐 거의 아무것도 주어지지 않았고 어떤 사람들에겐 더 많은 것이 주어졌다. 영향력을 가진 자들은 세상은 바뀔 수 없고 지금 세상에 동의하며 살아야 한다고 주장하고 이런 주장은 경제이론으로까지 정당화된다. 모든 정책은 보다 친절해야 하고 더 많은 사람들을 돌보는 사회가 돼야 한다."

그가 이런 일을 하는 근본적인 이유는 무엇일까요? 이는 그가 가진 삶의 목적과 관련이 있습니다. 사람들은 다양한 목적을 마음속에 품습니다. 내가 좋아하는 이성과 잘되길 바라는 개인적인 차원에서의 목적에서부터 사람들 간의 평등한 관계를 만들고자하는 비교적 큰 규모의 것들까지 그 종류는 다양합니다. 코빈은 이 중 후자의 관점을 택하고 있습니다. 모두가 피해보지 않으면서도 잘 사는 사회를 만들기 위해 필요하다고 생각하는 것을 그는 지금 하나 둘 실천하고 있습니다.

저는 우리 모두가 스스로의 삶을 이끄는 큰 목적을 하나씩 마음속에 품게 되길 진심으로 소망합니다. 아무리 시대가 어려워도 변화하는 사람들은 있습니다. 그 사람들 역시도 따지고 보면 우리와 별반 다를 바가 없습니다. 목적의식은 사람을 바꿉니다. 하루의 밥벌이를 위해 구걸을 하는 거지나, 책을 읽으며 마음의 양식을 쌓는 우리나 모두 마음속에서 원하는 바를 실천하기 위해 이러한 행동을 한 것입니다. 목적이 몸과 마음을 움직이는 장치라면 우리는 가급적 이 목적을 순수하고 아름다운 것으로 그리고 나에게 도움이 되는 것으로 설정해야 합니다. 그래야만 자신의 인생에서 큰 변화를 체험할 수 있습니다.

## 에필로그

살면서 우리는 걱정이 많습니다. 수험생들은 좋은 학교에 들어가길 원하고, 대학생들은 좋은 직장을 희망합니다. 이 목적을 달성하면 걱정이 사라질 것 같은데 실상은 그렇지 않습니다. 결혼과 자녀 문제가 걸리고, 자녀를 다 키우고 나면 노년을 어떻게 대비해야 할 지 생각해야 합니다. 그렇기 때문에 현대인이 받는 스트레스는 꽤 큰 편입니다.

이런 고민을 하게 되는 가장 큰 이유는 아무래도 우리에게 능력이 없다는 생각 때문일 것입니다. 자괴감은 우리의 인생을 가로막는 커다란 장벽입니다. 그렇기 때문에 우리는 그 장벽을 통과하며 자신의 능력을 증명한 사람들을 부러워하고 그들처럼 되고 싶어 합니다.

그런데 사실 따지고 보면 그들 역시 우리와 같은 고민을 하던 사람들이었습니다. 책에서 언급된 하버드대 종신교수인 석지영씨나 자신의 얘기를 들어주지 않는 상황에서 양심의 목소리에 따라 행동하는 사회학자 노엄 촘스키의 경우만 살펴보아도 우리는 이 사실을 쉽게 알 수 있습니다. 그들은 모든 사람들이 알아주는 엘리트 집단에 소속되어 있지만 그럼에도 불구하고 그들은 마냥 편한 삶을 영위하고 있지 않습니다. 그들 역시 자신만의 고충을 마음속에 품고 있죠.

다만 그들은 문제를 피하지 않고 자신의 능력으로 이를 해결하기 위해 노력했습니다. 일반적인 사람들의 경우 어려움이 닥쳤을 때 자신의 능력을 신뢰하지 않고 문제를 회피하는 경향이 있습니다. 시간이 많이 걸린다는 사실을 알게 되면, 효율적이지 않은 일이라 생각하고 시도 자체를 포기하는 것이죠. 하지만 그들은 그렇지 않습니다. 시간이 걸리더라도 자신의 역량을 향상시켜 이를 정면으로 맞서 해결하며 스스로의 능력을 향상시키는 것이 이들에게는 더 자연스럽습니다. 이런 과정을 통해 그들의 지적 능력과 문제 해결력은 비약적으로 향상됩니다. 우리가 그들을 천재라고 생각하는 이유는 이 때문입니다. 다만 우리가 보지 못했을 뿐입니다. 이것 이외에 우리와 그들 간의 차이점은 거의 없다고 할 수 있습니다.

저는 여러분들이 이 책을 통해 그들의 자세를 조금이라도 배울 수 있는 계기를 찾았다면 그것만으로도 만족합니다. 여러분들이 알고 있다시피 책은 생각의 보고입니다. 하버드 출신 인물들의 인생과 그들과 관련된 책을 통해 여러분들의 삶이 변화하길 진심으로 소방합니다.

책의 서두에서 언급했던 존 템플턴 경의 말을 다시 한 번 떠올려 봅시다. 글을 다 읽고 난 지금 당신의 도서관은 어떻게 바뀌었습니까? 부디

이에 대한 대답이 긍정적이었으면 합니다. 또한 이렇게 얻은 지식을 다른 사람들과 나누며, 자신을 발전시키는데 이 책에서 언급한 법칙을 활용해주셨으면 합니다. 그렇게 된다면 저자인 제 입장에서는 큰 기쁨이 될 것입니다. 여러분들의 앞날에 항상 밝은 미래가 가득하기를 기원합니다

하버드 학생들을 통해 삶에서 배워야 할 소중한 원리

# 하버드 도서관 24시

**1판 1쇄 발행** 2015년 11월 10일
**지은이** 정의석  **펴낸곳** 북씽크  **펴낸이** 강나루
**주 소** 서울시 성동구 행당동 192-29 성동샤르망 1019호  **전 화** 070-7808-5465
**등록번호** 제206-86-53244
ISBN 978-89-97827-73-2  **이메일** bookthink2@naver.com